GREEK SACRED SITES

ELEUSIS
DEMETER AND KORE

JILL DUDLEY

PUT IT IN YOUR POCKET SERIES
ORPINGTON PUBLISHERS

Published by
Orpington Publishers

Cover design and origination by
Creeds, Bridport, Dorset
01308 423411

Printed and bound in the UK by
Creeds

© Jill Dudley 2016

ISBN: 978-0-9935378-5-1

ELEUSIS

DEMETER AND KORE

Several millennia ago there was an ancient Sacred Way from the Acropolis in Athens* to the temple of Demeter at Eleusis; it was there that Demeter, goddess of corn, had her major sanctuary, and where her rites, the Greater Eleusian Mysteries were celebrated.

Legend has it that Demeter had a beautiful daughter Persephone (also known as Kore) whose father was Zeus, supreme god of the Olympians. One day Persephone, was spotted by Hades, god of the underworld, picking wild flowers in a meadow, and dragged her screaming to the deep halls of his subterranean kingdom. Demeter, unaware of what had happened, and anguished by her daughter's disappearance, searched the world for her. In time she learned from the sun that Zeus had given her as bride to Hades. Eventually, Demeter came to Eleusis where, disguised as an old crone in mourning, she sat beside the Kallichoron Well and refreshed herself with its water.

At that time there was a king and queen of Eleusis who had three daughters. One day the daughters came to the well and, finding the mourning goddess in disguise, took her home to the palace where she was welcomed by the queen and taken on as nurse to her baby son. The goddess loved the child, and fed him on ambrosia, the food of the gods. By night she secretly held him in the hearth so he was wrapped in flames which, rather surprisingly, was supposed to immortalise him. One night the queen caught her doing this and was horrified. Startled at being caught out, Demeter dropped the infant who naturally began to scream, whereupon the goddess cast off her disguise and revealed her true identity; she assured the queen that her actions were performed only out of love for the child.

When the king learned that Demeter was a goddess, he immediately set about building a temple in her honour. Demeter, however, continued mourning the loss of her daughter. While she could find no trace of her, she abandoned her worldly duties so that everything began to wither and die. Men were on the point of extinction and the gods themselves began to suffer because they received no sacrifice. Realizing that without men there was little point in the existence of gods, Zeus ordered his brother Hades to release Persephone to the upper world to put an end to all this dying and withering. This Hades was obliged to do, but not before he got Persephone to eat a pomegranate seed which was considered to be the food of the dead. So it was agreed that she would remain above ground for two thirds of the year, and for the other third she would spend with Hades.

Demeter was so overjoyed with the reappearance of her daughter that immediately the land blossomed, the grass grew, and once again there were fields of standing corn. The great goddess informed the king of her secret rites, the Eleusian Mysteries; these were to be performed annually at her temple at Eleusis; they were, as the word said, 'secret', and were never to be divulged to anyone not initiated into them.

Those who wanted to be initiated had to be known to be of good character and to speak Greek; men, women and children, as well as slaves, were eligible. Approved candidates first had to attend what were known as the Lesser Mysteries which were held in the early spring in a temple of Demeter and Kore (Persephone) beside the bank of the Ilissos river in Athens. The Greater Mysteries were held in the autumn and lasted nine days. They began with the *Kistai* (the sacred things of Demeter) being carried in procession from Eleusis to Athens where they were deposited in Demeter's Eleusinion at the foot of the Acropolis on its north-west side. The arrival in Athens of the great goddess of corn was then announced to the goddess Athena's priestess.

Early in the morning of the second day the initiates were called by heralds to go down to the sea for purification. They took with them young pigs which they purified before sacrificing them to the goddess. Afterwards the pigs were buried deep in the ground as an offering to the gods of the underworld.

The following two days were given over to prayers and blessings. Then, on the fifth, a spectacular procession set out from Athens bearing the sacred things of Demeter back to her sanctuary at Eleusis, a distance of some twenty-two kilometres. At some stage along the route a wooden statue of the seldom heard of god Iacchos joined the procession; Iacchos is believed to have been an epiphany of Dionysos, god of wine and drama. The statue bore a torch, and was crowned with a wreath of myrtle; it was placed in a carriage and was accompanied by the priest of Iacchos.

One of the resting places for the procession was the ancient temple of Daphnaios Apollo, midway between Athens and Eleusis (today marked by the Monastery of Daphni). Before the procession reached Eleusis, led by Iacchos, and the priests and priestesses of Demeter, a narrow bridge had to be crossed. Here there was a rather odd custom. Awaiting the procession on the other side of the bridge were men with their heads covered to conceal their identity. They first allowed the sacred things of Demeter to pass, then hurled abuse and insults at the V.I.Ps who followed. These dignitaries were expected to endure the insults in silence; it was a humbling experience intended to remind those in high office to guard against arrogance and self-aggrandizement.

The procession finally arrived at Eleusis after dark with the initiates bearing torches. Despite the long walk and the fasting, the evening ended with singing and dancing around the Kallichoron Well.

The Telesterion, the ancient temple site of Demeter had, apparently, been unlike any other Greek temple. Shallow steps mounted to its terrace, and the peak of the temple roof had in it a hole, or sort of chimney, from which a holy fire would erupt. Plans for it had been drawn up by Ictinus, one of the architects responsible for the Parthenon. As the initiates were sworn to secrecy, what next occurred has been gleaned only from inscriptions, archaeological discoveries, and from literary sources. On one of the days there was what was known as the *Dromena* (sacred pageant). This told the story of the abduction of Persephone, and the misery of Demeter as she searched the world for her, followed by the joy of their reunion. Added mystique during the *Dromena* was brought about by bright flashing illuminations in the darkness, and shadowed tableaux, while the High Priest intoned the story of Persephone's descent to the dark and fearful halls of Hades. When the return of Persephone was proclaimed, a great gong was sounded, the sort used in Greek dramas to simulate thunder, followed by the erupting fire which appeared through the hole in the temple roof. The *Hierophant* had a throne close to this fire and, when it erupted, he proclaimed: 'The Mistress has given birth to a holy boy, Brimo has given birth to Brimos! that is, the Strong One to the Strong One.' Finally, the most sacred and secret things known as the *Hiera*, were revealed by the High Priest. What these were has never been revealed, but the second century Christian theologian, Clement of Alexandria, did his best to denigrate the Eleusian Mysteries, declaring that he blushed even to think of the *Hiera*, implying they were lewd and obscene.

At some point in the final stages of the pageant, when the priest was portraying the terror of Persephone's descent into the underworld, an ear of corn was held up in profound silence, symbolizing eternal life and resurrection.

The cult of the goddess Demeter had been so great, and of such importance that, far from dying out with the spread of Christianity, there were ever increasing numbers of new initiates, and the buildings at Eleusis had to be enlarged to receive them all. It was not until the fourth century A.D. when the Emperor Theodosius the Great closed down the temples and sanctuaries, forbidding all pagan worship and sacrifice, that the Eleusian Mysteries finally ended.

Once the site of Demeter's temple must have been

beautiful with its marble buildings and colonnades. Her sacred site was a little way inland, with a view from it to the sea and the island of Salamis. It was there that the Persian fleet was defeated at the great naval battle of Salamis. It was said that it was due to the mystical power of Eleusis that the Athenian army triumphed. Apparently, two men had seen a swirl of dust rising from Eleusis, as if made by some thirty thousand men, and at the same time they had heard the sound of voices. One of the men knew it was the sound of the mystical 'Iacchos' and explained to his companion, who was a stranger to the rites performed at Eleusis, that this unearthly cry came from Eleusis to aid the Athenians.

The British professor, E.D. Clarke, at the beginning of the nineteenth century, thought he had discovered the cult statue of Demeter at Eleusis. It rose from a dung heap beside the Lesser Propylaea (entrance gates). Interestingly, at that time the locals believed implicitly that their crops and fields of corn depended on this 'cult figure' for their success. The strange thing was that, instead of the goddess Demeter, they addressed it as Agia Demetria (Saint Demetria).

E.D. Clarke was determined to bring the statue back to England. He defied all local protest, and organized its transport. It was regarded as a particularly ill omen when, on the eve of its removal, an ox went berserk and butted at the statue before galloping away, bellowing, and trampling the corn on the Rharian plain. The Orthodox priest, ignoring local belief that anyone removing the statue would find his arm wither or drop off, bravely wielded the first blow with a pickaxe in order to help prise it from its base. Nothing calamitous happened to his arm, and the statue was trundled on rollers down to the sea where it was put on board a ship for England. The ship, however, foundered off Beachy Head, and it was only by great effort and persistence that Clarke managed to get the cult statue raised from the sea-bed. It was finally taken to its new destination, the Fitzwilliam Museum, Cambridge, where it can be seen today.

Although E.D. Clarke believed it to be Demeter's cult statue (having been guided by ancient records and literary sources), later scholars declared it to be no such wonder, but one of the caryatid figures which had stood either side of the Lesser Propylaea.

Whatever it was, the interesting fact is that today, everywhere in the vicinity of Eleusis is concrete and tarmac, while all around Cambridge are to be seen prairie-like fields of standing corn, remembering that Demeter was goddess of corn, and patroness of agriculture.

Denotes a separate booklet on the subject.

FAMILY TREE OF THE GODS AND GODDESSES

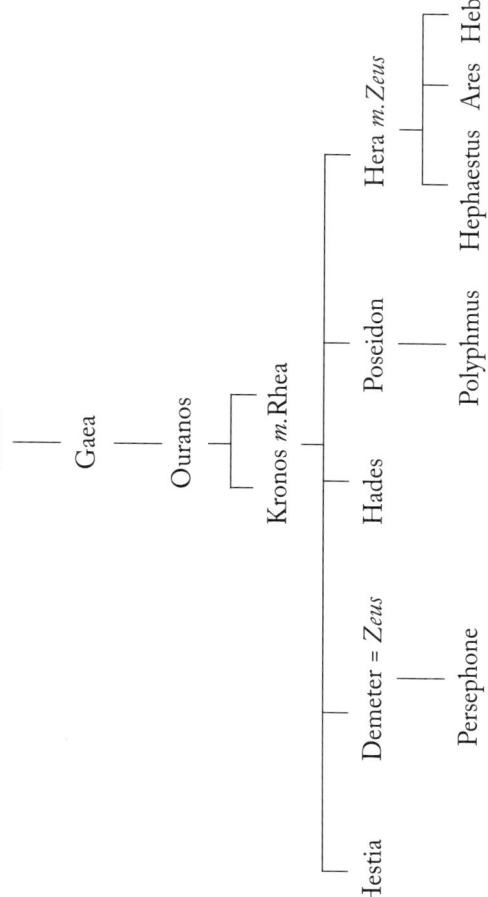

GLOSSARY OF THE GODS

ATHENA – Daughter of Zeus and Metis (whose name means 'thought', 'counsel'). She was goddess of victory, weaving and handicraft, and protectress of many cities, but especially Athens. She was the also the embodiment of wisdom.

DEMETER – Daughter of Kronos and Rhea, and mother of Persephone. She was goddess of corn, and patroness of agriculture in general.

DIONYSOS – God of wine and drama. He was the son of Zeus by the mortal woman Semele.

HADES – God of the underworld, and brother of Demeter and Zeus.

IACCHOS – Little is known about this god, except he was associated with Demeter and Persephone. He is sometimes identified with Dionysos.

KORE – See Persephone.

KRONOS – A Titan married to Rhea. Their offspring were many of the Olympian gods, and included Demeter, Hades and Zeus.

PERSEPHONE – Daughter of Demeter and Zeus. When she was abducted by Hades, she became queen of the underworld where she lived with Hades but only during the four winter months.

RHEA – A Titaness, and wife of Kronos. She was mother of many of the Olympian gods, including Demeter, Hades and Zeus.

TITANS – The Offspring of Ouranos (often spelt Uranus, the heavens) and Gaea (the earth). There were said to be twelve of them, six sons and six daughters. Kronos was one of the sons, and Rhea one of the daughters. These two gave birth to many of the Olympian gods.

ZEUS – Son of Kronos and Rhea, and brother of Demeter and Hades. He was god of the heavens, and dispenser of justice. He was the supreme god of the ancient world having deposed his father.

MORE FROM THE
PUT IT IN YOUR POCKET SERIES
GREEK MYTHS

TROJAN WAR
THE JUDGEMENT OF PARIS
HELEN
KING AGAMEMNON
ACHILLES
THE WOODEN HORSE
ODYSSEUS

ISLANDS
CHIOS – HOMER
CRETE – THESEUS AND THE MINOTAUR
KOS – HIPPOCRATES AND ASCLEPIUS
NAXOS – THESEUS AND ARIADNE
RHODES – THE CCLOSSUS
SANTORINI – THE LOST ISLAND OF ATLANTIS

ALSO BY JILL DUDLEY

YE GODS! (TRAVELS IN GREECE)

YE GODS! II (MORE TRAVELS IN GREECE)

LAP OF THE GODS (TRAVELS IN CRETE
AND THE AEGEAN ISLANDS)

GREEK ISLAND MYTHS

SAMOS
PYTHAGORAS AND THE HERAION

JILL DUDLEY

PUT IT IN YOUR POCKET SERIES
ORPINGTON PUBLISHERS

Published by
Orpington Publishers

Cover design and origination by
Creeds, Bridport, Dorset
01308 423411

Printed and bound in the UK by
Creeds

© Jill Dudley 2017

ISBN: 978-0-9955781-1-1

SAMOS

PYTHAGORAS AND THE HERAION

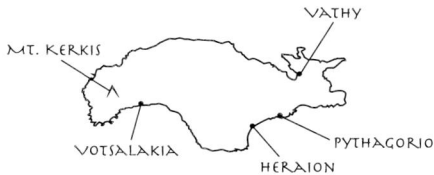

Samos, one of the east Aegean islands, is lovely in a quiet and undramatic way. It was once a wealthy and important island, conveniently placed for trade with mainland Greece, Turkey, Italy and Egypt.

The ancient port of Tigani on its south-east coast is today called Pythagorio, in honour of the island's most famous citizen, the mathematician and mystic Pythagoras. He lived in the sixth century B.C. at the time of the tyrant Polycrates, a man who got things done by sheer force of character. It was he who was responsible for fantastic engineering feats: the tunnel of Eupalinus which brought water to the port through an underground arched stone-built tunnel dug by two teams of workers, each starting at either side of a mountain, till they eventually met. It was he too who was responsible for a massive breakwater, two hundred and sixty metres long and twenty fathoms deep, which gave protection to ships in the ancient harbour, today's Pythagorio. And it was he who saw to the construction of the largest temple ever, dedicated to the goddess Hera, goddess of women and marriage.

The worship of Hera first came to Samos when a wave of settlers arrived from Argos in the Peloponnese c.1050 B.C. A few kilometres from Argos there was an important temple of Hera; it is there they say she was first spied by Zeus, supreme god of the ancient world, who turned himself into a bedraggled cuckoo and, when Hera placed the poor creature on her lap, turned into the god he was and ravished her. They married and their honeymoon lasted three hundred years.

Here on Samos it is said that Hera was born under a chaste tree *(vitex agnus-castus)*, and that her temple was built around it.

The chaste tree has certain properties which are a cure for gynaecological problems, and it is appropriate that Hera, born under a chaste tree, became goddess of women's welfare, and of marriage and fertility.

Hera's own marriage was not the happiest, and she was often made bitterly jealous by Zeus' extra-marital affairs. She was enraged when Semele became pregnant by him, and persuaded the girl to ask Zeus to reveal himself in his full glory as a god, with the fatal consequence that Semele was reduced to a cinder. Zeus, however, managed to rescue the embryo which he put into his thigh and in due course Dionysos, god of wine and drama, was born. Or when Zeus loved the Titaness Leto, and Hera refused anywhere on earth to allow her to give birth, until eventually Poseidon, god of the sea, raised the small island of Delos* from the sea-bed for her confinement.

Tradition has it that in antiquity an image of Hera in the form of a rough wooden board fell from heaven to her sanctuary. Her earliest altar was of limestone and, when sacrifices were offered up to the goddess, the wooden image was placed on a stone plinth by her chaste tree. Every year her effigy, or wooden image, would be carried to the sea for purification which was believed to restore her youth and virginity. The idea of the renewal of her virginity might well have come from Argos with the settlers, because there, not far from her sanctuary, there was, and still is, a spring in which it was said the goddess bathed annually to renew her virginity.

In the early days here on Samos, Hera's worshippers followed a paved Sacred Way from the ancient port, a seven mile walk to her temple. Pythagoras, no doubt, would have come to this temple of Hera, an impressive building with its double columns along its sides and triple columns at each end. The all important chaste tree was kept within the temple precincts beside the altar. Today there is still such a tree growing amongst the temple ruins.

Pythagoras, however, fell foul of Polycrates and had to flee from his wrath. He lived for a while in a cave high up on Mt. Kerkis in the far south-west of the island behind the harbour of Votsalakia.

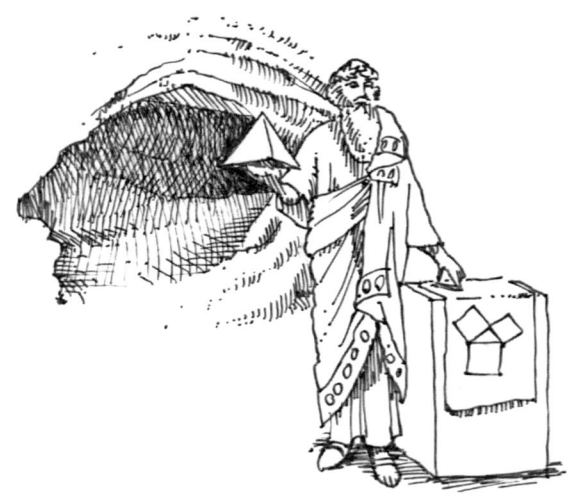

Pythagoras is famous for his theorem: 'the square on the hypotenuse (the side opposite the right angle of a triangle) is equal to the sum of the squares on the other two sides'. Like many men of great repute, such as the philosopher

Plato and Alexander the Great, it was claimed he was the son of a god – of Apollo to be exact. His human father was Mnesarchos who was said to be either a gem engraver or a corn merchant. The story was that while Mnesarchos was on business in Delphi, his wife who had been with him was impregnated by Apollo. The oracle declared that the child to be born would be noble, full of wisdom and of great benefit to mankind. Pythagoras' mother was named Pythaïs, a name not dissimilar to Apollo's priestess at Delphi who was called the Pythia (named after the Python which Apollo killed on his arrival at his sanctuary). Legend also has it that Pythagoras had a golden thigh, a sure sign of divinity. It was his habit to dress in a white robe and to wear a gold wreath on his head.

Pythagoras was described by those who knew him as having a noble air, great charm, and the sort of charisma which attracted people to him. His pupils were either academics or from the higher strata of society. He was a stringent ascetic, a vegetarian, a mystic, an astronomer, as well as a mathematician. It was he who had discovered that music had mathematical foundations, and there were perfect intervals to be found in an octave. He detected music and its numerical relationship in the universe, hence the music of the spheres.

As a young man Pythagoras travelled widely and spent many years in the Orient and in Egypt studying the religious beliefs of the countries he visited. He was captured and taken to Babylon where he remained for twelve years. There it was said he met up with the Old Testament prophet Daniel. It is believed that Pythagoras brought the 'square on the hypotenuse' theorem to the west from the Babylonians who had worked it out long before.

Pythagoras believed in reincarnation. He was convinced that in a previous life he had been a Trojan warrior named Euphorbus. It had been Euphorbus in Homer's *Iliad* who, with the help of Apollo's divine intervention, had wounded Patroclus, Achilles' beloved and lifelong friend. This belief of Pythagoras was reinforced when he had visited the *Heraion*, the great sanctuary of Hera, at Argos from where the settlers in Samos had originated. There he had recognized a bronze shield which had been his in his previous life as Euphorbus. It had been brought back by the victorious Greeks as part of the booty of war.

It is possible to drive part of the way up Mt. Kerkis, but then the road becomes a dirt-track and it is a question of walking. It is a fairly arduous trek with little shade and after a kilometre or so, there is (hopefully open) a refreshment hut. From there, it is a steep climb up a spiralling track till you arrive at a terrace with a small church, no doubt built there to celebrate and sanctify the pagan Pythagoras cave. In fact there are two caves, one where he slept which is smaller and has a rounded entrance, and the other with a wider arched entrance where Pythagoras taught, and which is said to be sixty metres in depth. This cave has a natural supply of water which is considered to have miraculous healing qualities.

From up there it would be amazing to study the sky at night in a pollution-free environment; a galaxy of brilliant stars in the firmament. It would be exhilarating and inspirational.

Pythagoras did not stay long on Mt. Kerkis; he left Samos,

and set up a school in Croton on the toe of Italy where he became leader of a strictly disciplined and ascetic community. Was it chance that took him there, or a deliberate move to a location which also had a great temple of Hera?

Half way down to the refreshment shack is the Chapel of St. John. Tradition has it that St. John the Evangelist stayed a while on Samos and was the first to bring Christianity to the island. He came from Ephesus where, it is said, he had taken the Virgin Mary after the crucifixion. He was then exiled from Ephesus to nearby Patmos* which is within easy reach of Samos.

At the refreshment hut it is possible to buy what are known as Pythagoras mugs. These are glazed goblets with a ring around the interior which marks the limit of wine Pythagoras recommended for consumption; anyone filling it beyond this ring is punished, as the entire contents of the mug immediately pours out from a hole at the base of the goblet – such a pity, as Samos wine is one of the best.

Denotes a separate booklet on the subject.

FAMILY TREE OF THE TITANS, GODS AND GODDESSES

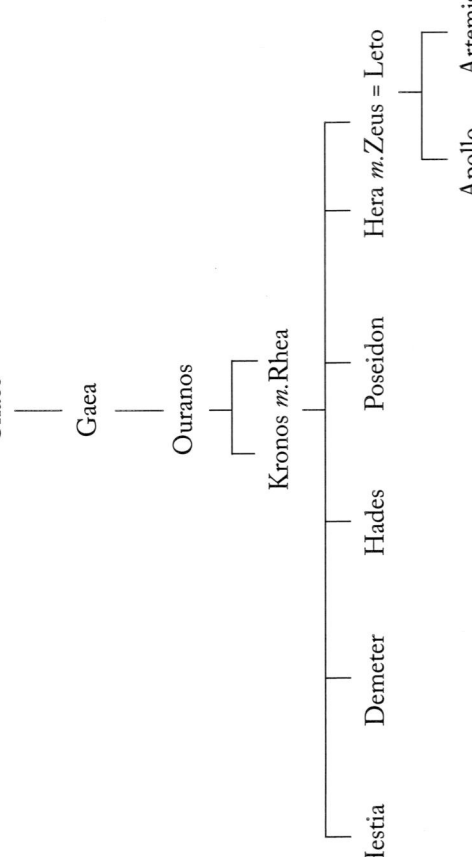

GLOSSARY OF GODS AND GODDESSES

APOLLO – Son of Zeus and the Titaness Leto. He was twin brother of Artemis, and god of medicine, music, archery and prophecy.

ARTEMIS – Daughter of Zeus and the Titaness Leto, and twin sister of Apollo. She was goddess of wild life and defender of the very young.

DIONYSOS – Son of Zeus and Semele. God of wine and drama.

HERA – Wife and sister of Zeus. She was goddess of women and marriage.

LETO – A Titaness who was loved by Zeus and became the mother of Apollo and Artemis.

POSEIDON – God of the sea and earthquakes. He was brother of Zeus and Hera.

TITANS – The offspring of Ouranos (often spelt Uranus, the heavens) and Gaea (the earth). There were said to be twelve of them, six sons and six daughters. Kronos was one of the sons, and Rhea one of the daughters. These two gave birth to Hera, Poseidon, Zeus and several other of the Olympian gods.

ZEUS – Son of Kronos and Rhea, and husband of Hera. He was god of the heavens, and supreme god of the ancient world having deposed his father.

MORE FROM THE
PUT IT IN YOUR POCKET SERIES

TROJAN WAR
THE JUDGEMENT OF PARIS
HELEN
KING AGAMEMNON
ACHILLES
THE WOODEN HORSE
ODYSSEUS

SACRED SITES
ATHENS – THE ACROPOLIS
CORINTH – ST. PAUL AND THE GODDESS OF LOVE
DELPHI – THE ORACLE OF APOLLO
ELEUSIS – DEMETER AND KORE
EPIDAURUS – CENTRE OF HEALING
OLYMPIA – THE OLYMPIC GAMES

ALSO BY JILL DUDLEY

YE GODS! (TRAVELS IN GREECE)

YE GODS! II (MORE TRAVELS IN GREECE)

LAP OF THE GODS (TRAVELS IN CRETE
AND THE AEGEAN ISLANDS)

AF002851

Kohlhammer

Der Autor

Dr. med. Heinz Jürgen Deuber, Ärztlicher Gutachter beim MD Bayern, hier Leitung des Fachbereichs Arzneimittel-, Methoden- und Produktbewertung.

Heinz Jürgen Deuber

Arzneimittel und Medizinprodukte in der Gesetzlichen Krankenversicherung

Eine Einführung in die Begutachtung

Verlag W. Kohlhammer

Dieses Werk einschließlich aller seiner Teile ist urheberrechtlich geschützt. Jede Verwendung außerhalb der engen Grenzen des Urheberrechts ist ohne Zustimmung des Verlags unzulässig und strafbar. Das gilt insbesondere für Vervielfältigungen, Übersetzungen, Mikroverfilmungen und für die Einspeicherung und Verarbeitung in elektronischen Systemen.

Die Wiedergabe von Warenbezeichnungen, Handelsnamen und sonstigen Kennzeichen in diesem Buch berechtigt nicht zu der Annahme, dass diese von jedermann frei benutzt werden dürfen. Vielmehr kann es sich auch dann um eingetragene Warenzeichen oder sonstige geschützte Kennzeichen handeln, wenn sie nicht eigens als solche gekennzeichnet sind.

Es konnten nicht alle Rechtsinhaber von Abbildungen ermittelt werden. Sollte dem Verlag gegenüber der Nachweis der Rechtsinhaberschaft geführt werden, wird das branchenübliche Honorar nachträglich gezahlt.

Dieses Werk enthält Hinweise/Links zu externen Websites Dritter, auf deren Inhalt der Verlag keinen Einfluss hat und die der Haftung der jeweiligen Seitenanbieter oder -betreiber unterliegen. Zum Zeitpunkt der Verlinkung wurden die externen Websites auf mögliche Rechtsverstöße überprüft und dabei keine Rechtsverletzung festgestellt. Ohne konkrete Hinweise auf eine solche Rechtsverletzung ist eine permanente inhaltliche Kontrolle der verlinkten Seiten nicht zumutbar. Sollten jedoch Rechtsverletzungen bekannt werden, werden die betroffenen externen Links soweit möglich unverzüglich entfernt.

1. Auflage 2023

Alle Rechte vorbehalten
© W. Kohlhammer GmbH, Stuttgart
Gesamtherstellung: W. Kohlhammer GmbH, Stuttgart

Print:
ISBN 978-3-17 043265-9

E-Book-Formate:
pdf: ISBN 978-3-17-043266-6
epub: ISBN 978-3-17-043267-3

Inhalt

Abkürzungsverzeichnis		7
Vorwort		9
1	**Arzneimittel**	**13**
	1.1 Definition	13
	1.2 Sozialrechtliche Bewertung	19
	1.2.1 Off label use	25
	1.2.2 Import	31
	1.2.3 Festbetrag	34
	1.2.4 Generika und Biosimilars	36
	1.2.4.1 Generika	36
	1.2.4.2 Biosimilars	37
	1.2.5 Compassionate use	37
	1.2.6 Named patient program	38
2	**Medizinprodukte**	**39**
	2.1 Definition	39
	2.2 Sozialrechtliche Bewertung	41
3	**Methoden**	**44**
	3.1 Definition	44
	3.1.1 Evidenzbasierte Methodenbewertung..	45
	3.1.2 Rezepturarzneimittel	47
	3.1.3 Sonderfall § 2 Abs. 1a SGB V	48
	3.2 Sozialrechtliche Bewertung	50
	3.2.1 Methoden im vertragsärztlichen Bereich	51

		3.2.2	Methoden im Krankenhaus	52
			3.2.2.1 Potenzial	54

4 Advanced Therapy Medicinal Product (ATMP) .. 56
4.1 Zuordnungsprobleme am Beispiel von »Therapie mit Bakteriophagen« 60

5 Beteiligte Institutionen und Behörden 64
5.1 Nationale Einrichtungen 64
5.1.1 Bundesinstitut für Arzneimittel und Medizinprodukte (BfArM) 64
5.1.2 Paul-Ehrlich-Institut (PEI) 64
5.1.3 Gemeinsamer Bundesausschuss (G-BA) 65
5.1.4 Ständige Impfkommission (SIKO) 65
5.1.5 Bewertungsausschuss Ärzte 66
5.2 Europäische Einrichtungen 66
5.2.1 Committee for Medicinal Products for Human Use (CHMP)/European Medicines Agency (EMA) 66

6 Zusammenfassung und Ausblick 67

Quellenverzeichnis 69

Abkürzungsverzeichnis

AMG	Arzneimittelgesetz
AM-RL	Arzneimittel-Richtlinie
Ap	Apothekenpflicht
ATMP	Advanced Therapy Medicinal Products (Arzneimittel für neuartige Therapien)
Bema	Bewertungsmaßstab
BfArM	Bundesinstitut für Arzneimittel und Medizinprodukte
BSG	Bundessozialgericht
Btm	Betäubungsmittel
CE	Conformité Européenne (Europäische Konformität)
CHMP	Committee for Medicinal Products for human use (Ausschuss für Humanarzneimittel)
COMP	Committee for Orphan Medicinal Products (Ausschuss für Arzneimittel für seltene Leiden)
DRG	Diagnosis Related Groups (diagnosebezogene Fallgruppen)
EbM	Evidenzbasierte Medizin
EBM	Einheitlicher Bewertungsmaßstab
EMA	European Medicines Agency (Europäische Arzneimittelbehörde)
EU	Europäische Union
FDA	Food and Drug Administration (US-Amerikanische Zulassungsbehörde)
G-BA	Gemeinsamer Bundesausschuss
GKV	Gesetzliche Krankenversicherung
GOP	Gebührenordnungposition
InEK	Institut für das Entgeltsystem im Krankenhaus
KV	Kassenärztliche Vereinigung
MPG	Medizinproduktegesetz

nAp	nicht apothekenpflichtig
NUB	Neue Untersuchungs- und Behandlungsmethode
OTC	»over the counter« (apotheken-, nicht verschreibungspflichtige Arzneimittel
PEI	Paul-Ehrlich-Institut
PRAC	Pharmakovigilance and Risk Assessment Committee (Ausschuss für Risikobewertung im Bereich der Pharmakovigilanz)
Rp	Verschreibungspflicht (Rezeptpflicht)
STIKO	Ständige Impfkommission
SGB V	Sozialgesetzbuch, Band 5
TÜV	Technischer Überwachungsverein
US	Vereinigte Staaten
USA	Vereinigte Staaten von Amerika
ZE	Zusatzentgelt

Vorwort

Zur Diagnostik und Therapie werden in der Medizin Arzneimittel und Diagnostik-/Behandlungs-Methoden im Rahmen der ambulanten, vertragsärztlichen oder (prä-/teil-/post-) stationären (Krankenhaus-)Behandlung eingesetzt.

Damit diese im Rahmen des Sachleistungsprinzips der Gesetzlichen Krankenversicherung dem Patienten zur Verfügung gestellt werden können, sind verschiedene Gesetze und Richtlinien als untergesetzliche Normen zu beachten. Das Sachleistungsprinzip der Gesetzlichen Krankenversicherung bedeutet, dass der Patient grundsätzlich alle medizinisch notwendigen und zweckmäßigen und nicht von der Leistungspflicht ausgeschlossenen diagnostischen und therapeutischen Maßnahmen (Sach- und Dienstleistungen) erhält, ohne dafür, abgesehen von gesetzlich geregelten Zuzahlungen, Gebühren oder finanzielle Aufwendungen tätigen zu müssen. Auf Antrag des Versicherten ist es gemäß § 13 Abs. 2 SGB V auch möglich, eine Kostenerstattung als Ersatz für die Sachleistung zu vereinbaren, durch die der Patient in finanzielle Vorleistung geht und danach mit seiner Krankenkasse abrechnet.

Beim Einsatz von Arzneimitteln und Methoden, deren Bestandteil ein Medizinprodukt ist, sind die Regelungen im Arzneimittelgesetz (AMG) bzw. Medizinproduktegesetz (MFG) vorgreiflich. Das bedeutet, dass ein Arzneimittel oder ein Medizinprodukt und damit auch alle, dieses als wesentlichen Bestandteil enthaltenden Methoden überhaupt nur dann Leistung der Gesetzlichen Krankenversicherung (GKV) sein kann, wenn die Vorgaben dieser Gesetze in Gänze erfüllt sind, also das Arzneimittel in Deutschland als solches zugelassen bzw. verkehrsfähig ist, oder das Medizinprodukt eine CE (Conformité Européenne)-Kennzeichnung hat, welche europaweit durch eine sogenannte »benannte Stelle« (z. B. Technischer Überwachungsverein; TÜV) erteilt werden kann.

Die Grundvoraussetzungen für Leistungen der Gesetzlichen Krankenversicherung sind in den §§ 2, 12 und 70 SGB V formuliert.

§ 2 SGB V regelt, dass die Leistungen zur Verfügung gestellt werden (»Sachleistungsprinzip«), wenn sie dem anerkannten Stand der medizinischen Erkenntnisse entsprechen und wirtschaftlich sind. Auf eine grundsätzlich bestehende Eigenverantwortung des Patienten wird dabei hingewiesen.

§ 2 SGB V Leistungen

(1) Die Krankenkassen stellen den Versicherten die im Dritten Kapitel genannten Leistungen unter Beachtung des Wirtschaftlichkeitsgebots (§ 12) zur Verfügung, soweit diese Leistungen nicht der Eigenverantwortung der Versicherten zugerechnet werden. Behandlungsmethoden, Arznei- und Heilmittel der besonderen Therapierichtungen sind nicht ausgeschlossen. Qualität und Wirksamkeit der Leistungen haben dem allgemein anerkannten Stand der medizinischen Erkenntnisse zu entsprechen und den medizinischen Fortschritt zu berücksichtigen.

(1a) Versicherte mit einer lebensbedrohlichen oder regelmäßig tödlichen Erkrankung oder mit einer zumindest wertungsmäßig vergleichbaren Erkrankung, für die eine allgemein anerkannte, dem medizinischen Standard entsprechende Leistung nicht zur Verfügung steht, können auch eine von Absatz 1 Satz 3 abweichende Leistung beanspruchen, wenn eine nicht ganz entfernt liegende Aussicht auf Heilung oder auf eine spürbare positive Einwirkung auf den Krankheitsverlauf besteht. Die Krankenkasse erteilt für Leistungen nach Satz 1 vor Beginn der Behandlung eine Kostenübernahmeerklärung, wenn Versicherte oder behandelnde Leistungserbringer dies beantragen. Mit der Kostenübernahmeerklärung wird die Abrechnungsmöglichkeit der Leistung nach Satz 1 festgestellt.

(2) Die Versicherten erhalten die Leistungen als Sach- und Dienstleistungen, soweit dieses oder das Neunte Buch nichts Abweichendes vorsehen.

> [...]
> (4) Krankenkassen, Leistungserbringer und Versicherte haben darauf zu achten, daß die Leistungen wirksam und wirtschaftlich erbracht und nur im notwendigen Umfang in Anspruch genommen werden.

Der Aspekt der Wirtschaftlichkeit wird in den §§ 12 und 70 SGB V im Kontext mit dem Begriff der Zweckmäßigkeit verbunden. Im § 12 Abs. 2 SGB V wird zusätzlich auf die durch den Festbetrag begrenzte Leistungspflicht der Gesetzlichen Krankenkasse bei der Arzneimittelversorgung hingewiesen.

§ 12 SGB V Wirtschaftlichkeitsgebot

(1) Die Leistungen müssen ausreichend, zweckmäßig und wirtschaftlich sein; sie dürfen das Maß des Notwendigen nicht überschreiten. Leistungen, die nicht notwendig oder unwirtschaftlich sind, können Versicherte nicht beanspruchen, dürfen die Leistungserbringer nicht bewirken und die Krankenkassen nicht bewilligen.
(2) Ist für eine Leistung ein Festbetrag festgesetzt, erfüllt die Krankenkasse ihre Leistungspflicht mit dem Festbetrag.
[...]

§ 70 SGB V Qualität, Humanität und Wirtschaftlichkeit

(1) Die Krankenkassen und die Leistungserbringer haben eine bedarfsgerechte und gleichmäßige, dem allgemein anerkannten Stand der medizinischen Erkenntnisse entsprechende Versorgung der Versicherten zu gewährleisten. Die Versorgung der Versicherten muß ausreichend und zweckmäßig sein, darf das Maß des Notwendigen nicht überschreiten und muß in der fachlich gebotenen Qualität sowie wirtschaftlich erbracht werden.
(2) Die Krankenkassen und die Leistungserbringer haben durch geeignete Maßnahmen auf eine humane Krankenbehandlung ihrer Versicherten hinzuwirken.

Der Begriff der Zweckmäßigkeit stellt den Anknüpfungspunkt für die Begutachtung von Methoden (mit Medizinprodukten) und Arzneimitteln dar. Medizinprodukte müssen grundsätzlich ihrer, in der Gebrauchsinformation festgelegten »Zweckbestimmung« (»bestimmungsgemäßer Gebrauch«), Arzneimittel ihrem, in der Fachinformation im Abschnitt 4.1 angegebenem »Anwendungsgebiet« entsprechend eingesetzt werden, und »Methoden« als »medizinischer Standard« eingestuft sein, um dem Sachleistungsprinzip der Gesetzlichen Krankenversicherung zugeordnet werden zu können.

Für »Methoden«, die nicht als etablierte Standardmethoden als Regelleistung der Gesetzlichen Krankenversicherung angesehen werden können, muss ebenso, wie für Arzneimittel, die abweichend von den Vorgaben in der Fachinformation bzw. bei Medizinprodukten abweichend von der Gebrauchsinformation eingesetzt werden sollen, durch publizierte klinische Studienergebnisse ein (patientenrelevanter) Nutzen belegt sein. Als Basis hierfür dienen »Volltext-Publikationen«. Kongress-Abstracts genügen hierfür nicht, da diesen keine ausreichenden Details entnommen werden können, um die Studienergebnisse und die Ergebnisqualität sowie ggf. die Sicherheit umfassend evaluieren zum können. Bei dieser Bewertung werden die Kriterien der evidenzbasierten Medizin sowohl bei Grundsatzentscheidungen auf behördlicher Ebene als auch bei Einzelfallbegutachtungen für die Gesetzliche Krankenversicherung angewendet.

Was bei derartigen Prüfungen beachtet bzw. welche Kriterien angewendet werden müssen, ist Gegenstand dieses Buches.

Alle Ausführungen beziehen sich nur auf ermächtigte Leistungserbringer im Sinne des SGB V, also z. B. nicht auf privatärztlich tätige Niedergelassene oder Privatkliniken. Auch »Sonderverträge« zwischen Gesetzlicher Krankenversicherung und Leistungserbringern oder »Satzungsleistungen« einzelner Krankenkassen bleiben hierbei unbeachtet.

1 Arzneimittel

1.1 Definition

Der § 2 AMG definiert Arzneimittel zur Anwendung bei Menschen als Mittel zur Behandlung oder Diagnose von Krankheiten durch pharmakologische, immunologische oder metabolische Wirkung(en).

> **§ 2 AMG – Arzneimittelbegriff**
>
> Arzneimittel im Sinne dieses Gesetzes sind Arzneimittel, die zur Anwendung bei Menschen bestimmt sind. Dies sind Stoffe oder Zubereitungen aus Stoffen, die zur Anwendung im oder am menschlichen Körper bestimmt sind und als Mittel mit Eigenschaften zur Heilung oder Linderung oder zur Verhütung menschlicher Krankheiten oder krankhafter Beschwerden bestimmt sind oder die im oder am menschlichen Körper angewendet oder einem Menschen verabreicht werden können, um entweder die physiologischen Funktionen durch eine pharmakologische, immunologische oder metabolische Wirkung wiederherzustellen, zu korrigieren oder zu beeinflussen oder eine medizinische Diagnose zu erstellen.

Die für ein Arzneimittel geforderte pharmakologische, immunologische oder metabolische Wirkung stellt den definitorischen Unterschied zu Medizinprodukten dar, die gemäß Medizinproduktegesetz keines dieser drei Merkmale aufweisen dürfen. Damit wirken diese auf rein physikalische Weise.

Der § 21 AMG regelt, dass Fertigarzneimittel nur in den Verkehr gebracht werden dürfen, wenn sie durch die zuständige Bundesoberbehörde (BfArM) zugelassen sind oder ihnen von der Europäischen Union (EMA) eine Genehmigung für das Inverkehrbringen erteilt wurde.

> **§ 21 AMG – Zulassungspflicht**
>
> Fertigarzneimittel dürfen im Geltungsbereich dieses Gesetzes nur in den Verkehr gebracht werden, wenn sie durch die zuständige Bundesoberbehörde zugelassen sind oder wenn für sie die Europäische Gemeinschaft oder die Europäische Union eine Genehmigung für das Inverkehrbringen [...] erteilt hat.

Die zuständige Bundesoberbehörde ist in Deutschland das Bundesinstitut für Arzneimittel und Medizinprodukte (BfArM), im Falle von z.B. Seren oder Biologika inklusive ATMP (Advanced Therapy Medicinal Products) das Paul-Ehrlich-Institut (PEI). Unter der Bezeichnung ATMP werden Gentherapeutika, somatische Zelltherapeutika und biotechnologisch bearbeitete Gewebeprodukte zusammengefasst, die prioritär als zulassungspflichtige bzw. zugelassene Arzneimittel angesehen werden müssen, allerdings auch deutliche Kennzeichen einer Methode aufweisen. Da inzwischen fast alle neuen Medikamente in der Europäischen Union (EU) zentral zugelassen werden, muss die deutsche Bundesoberbehörde die europaweit erteilte Zulassung für Deutschland nur noch in nationales Recht umsetzen. Diese zentrale europäische Zulassung bleibt auch dann gültig, wenn das entsprechende Arzneimittel nicht oder nicht mehr auf dem deutschen Markt angeboten wird, was für den Arzneimittelimport relevant ist. Eine nicht von der EU, sondern rein national vom BfArM erteilte Zulassung würde dagegen erlöschen, wenn das Arzneimittel länger als drei Jahre nicht mehr auf dem deutschen Markt ist (§ 29 AMG, »Sunset Clause«).

Im Rahmen des Zulassungsprozesses wird anhand der vom Antragsteller, in der Regel einem pharmazeutischen Unternehmer, vorgelegten Studienergebnisse zu Wirksamkeit, teilweise auch Nutzen, und Schädigungsmöglichkeiten des Wirkstoffes die Zulassung für ein (oder mehrere) Anwendungsgebiet(e) (Indikationen) erteilt. Bestandteil der Zulassung ist neben dem Anwendungsgebiet auch Applikationsweg (Darreichungsform), Dosierung, Warnhinweise, Kontraindikationen etc.

Gleichzeitig wird festgelegt, ob das Arzneimittel nur über eine Apotheke, aber ohne Rezept (Kennzeichnung »Ap«), nur über eine Apotheke aufgrund eines Rezeptes (Kennzeichnung »Rp«) bzw. eines Betäubungsmittel-Sonderrezeptes (Kennzeichnung »BtM«) oder auch auf anderen Wegen (Kennzeichnung: »nAp«) in den Markt gebracht werden darf (»Verkehrsfähigkeit«).

Die zugrundeliegenden Studien lassen sich formal in der Regel der »Phase III«, öfters inzwischen, vor allem im onkologischen Bereich, der »Phase II« zuordnen (▶ Tab. 1).

Bei einer Phase-III-Studie handelt es sich um eine randomisierte, (Placebo-) kontrollierte, prospektive, doppelblinde Studie mit einer großen Patientenzahl, mit der Wirksamkeit und Nutzen des prospektiven Arzneimittels durch Vergleich mit der Kontrollgruppe, zusätzlich aber auch Schädigungspotenzial dieser Maßnahme belegt bzw. erfasst werden. Als Dosis des in der Phase III-Studie zu prüfenden Arzneimittels werden die Ergebnisse der vorgeschalteten Phase-II-Studien verwendet, bei denen einer kleineren Zahl von Patienten das zukünftige Arzneimittel verabreicht wurde, um den Dosierungsbereich von Wirksamkeit bis Schädlichkeit (Nebenwirkungen, Toxizität) zu bestimmen.

In vielen Fällen ist ein patientenrelevanter Nutzen anhand dieser Studien in dem Beobachtungszeitraum nicht darstellbar, was für die sozialmedizinische Bewertung, nicht dagegen für die arzneimittelrechtliche Zulassung von hoher Relevanz ist.

Diese anhand der Studienergebnisse getroffenen Festlegungen sind Bestandteil der Fachinformation, die gemäß § 11a AMG für jedes Arzneimittel verfügbar sein und Fachkreisen zur Verfügung gestellt werden muss. Die meisten Fachinformationen können über »www.fachinfo.de« oder auf der EMA-Homepage im Internet abgerufen werden.

Tab. 1: Ablauf und Ziele einer klinischen Prüfung

	Vor arzneimittelrechtlicher Zulassung			Nach arzneimittelrechtlicher Zulassung
	Phase I Erster Einsatz bei gesunden Probanden (»first in men«)	**Phase II** Therapieversuch (»Machbarkeitsstudie«)	**Phasen III** Bestätigung der Wirksamkeit und Sicherheit	**Phase IV**
Ziele	Pharmakokinetik (Resorption, Verteilung, Ausscheidung) Sicherheit und Verträglichkeit	Wirksamkeit Dosisfindung Sicherheit und Verträglichkeit (Toxizität)	Wirksamkeit und Sicherheit Vergleich mit anderer Therapie (Überlegenheit, Vergleichbarkeit)	Überwachung der Sicherheit bei »Multimedikation« und über langen Zeitraum Therapie-Optimierung
Studienteilnehmer	Wenige (i.d.R. < 100) Gesunde (in Ausnahmefällen Patienten)	Kleine Zahl (i.d.R. 100–500) Patienten	Große Zahl (i.d.R. > 500) Patienten	Patienten (i.d.R. ohne Einschränkungen)
Durchführung	prospektiv, offen	prospektiv, verblindet, randomisiert, vergleichend, meist multizentrisch	prospektiv, verblindet, randomisiert, vergleichend, meist multizentrisch	prospektiv, offen, multizentrisch

§ 11a AMG – Fachinformation

(1) Der pharmazeutische Unternehmer ist verpflichtet, den folgenden Personen auf Anforderung für Fertigarzneimittel, die der Pflicht zur Zulassung unterliegen oder davon freigestellt sind und die für den Verkehr außerhalb der Apotheken nicht freigegeben sind, eine Gebrauchsinformation für Fachkreise (Fachinformation) zur Verfügung zu stellen:
1. Ärzten, Zahnärzten, Tierärzten und Apothekern sowie
2. anderen Personen, die die Heilkunde oder Zahnheilkunde berufsmäßig ausüben, wenn es sich um nicht verschreibungspflichtige Arzneimittel handelt.

Die Fachinformation muss die Überschrift »Fachinformation« tragen und folgende Angaben in gut lesbarer Schrift in Übereinstimmung mit der im Rahmen der Zulassung genehmigten Zusammenfassung der Merkmale des Arzneimittels und in der nachstehenden Reihenfolge enthalten:
1. die Bezeichnung des Arzneimittels, gefolgt von der Stärke und der Darreichungsform;
2. qualitative und quantitative Zusammensetzung nach Wirkstoffen und den sonstigen Bestandteilen, deren Kenntnis für eine zweckgemäße Verabreichung des Mittels erforderlich ist, unter Angabe der gebräuchlichen oder chemischen Bezeichnung [...];
3. Darreichungsform;
4. klinische Angaben:
a) Anwendungsgebiete,
b) Dosierung und Art der Anwendung bei Erwachsenen und, soweit das Arzneimittel zur Anwendung bei Kindern bestimmt ist, bei Kindern,
c) Gegenanzeigen,
d) besondere Warn- und Vorsichtshinweise für die Anwendung und bei immunologischen Arzneimitteln alle besonderen Vorsichtsmaßnahmen, die von Personen, die mit immunologischen Arzneimitteln in Berührung kommen und von Personen, die diese Arzneimittel Patienten verabreichen, zu treffen sind, sowie von dem Patienten zu treffenden Vorsichtsmaßnahmen [...]
e) Wechselwirkungen mit anderen Arzneimitteln oder anderen

Mitteln, soweit sie die Wirkung des Arzneimittels beeinflussen können,
f) Verwendung bei Schwangerschaft und Stillzeit,
g) Auswirkungen auf die Fähigkeit zur Bedienung von Maschinen und zum Führen von Kraftfahrzeugen,
h) Nebenwirkungen bei bestimmungsgemäßem Gebrauch,
i) Überdosierung: Symptome, Notfallmaßnahmen, Gegenmittel;
5. pharmakologische Eigenschaften:
a) pharmakodynamische Eigenschaften,
b) pharmakokinetische Eigenschaften,
c) vorklinische Sicherheitsdaten;
6. pharmazeutische Angaben:
a) Liste der sonstigen Bestandteile,
b) Hauptinkompatibilitäten,
c) Dauer der Haltbarkeit und, soweit erforderlich, die Haltbarkeit bei Herstellung einer gebrauchsfertigen Zubereitung des Arzneimittels oder bei erstmaliger Öffnung des Behältnisses,
d) besondere Vorsichtsmaßnahmen für die Aufbewahrung,
e) Art und Inhalt des Behältnisses,
f) besondere Vorsichtsmaßnahmen für die Beseitigung von angebrochenen Arzneimitteln oder der davon stammenden Abfallmaterialien, um Gefahren für die Umwelt zu vermeiden;
7. Inhaber der Zulassung;
8. Zulassungsnummer;
9. Datum der Erteilung der Zulassung oder der Verlängerung der Zulassung;
10. Datum der Überarbeitung der Fachinformation. [...]
(1c) Bei Arzneimitteln, die der Verschreibungspflicht [...] unterliegen, ist auch der Hinweis »Verschreibungspflichtig«, bei Betäubungsmitteln der Hinweis »Betäubungsmittel«, bei sonstigen Arzneimitteln, die nur in Apotheken an Verbraucher abgegeben werden dürfen, der Hinweis »Apothekenpflichtig« anzugeben;
[...]

Für die Feststellung eines »off label use« sind die Kapitel 3 (Darreichungsform), 4.1 (Anwendungsgebiete), 4.2 (Dosierung) und 4.3 (Gegenanzeigen) der Fachinformation relevant.

1.2 Sozialrechtliche Bewertung

Das Deutsche Arzneimittelgesetz (01.08.1961) stellt den rechtlichen Rahmen für alle Arzneimittelfragen dar. Die Regelungen des SGB V setzen voraus, dass alle Anforderungen des Arzneimittelgesetzes an ein eingesetztes Arzneimittel erfüllt sind, bevor geprüft wird, ob es der Leistungspflicht der Gesetzlichen Krankenversicherung zugeordnet werden kann. Anders ausgedrückt, regelt das Arzneimittelgesetz, ob ein Arzneimittel legal in Deutschland im Verkehr sein darf, das Sozialgesetzbuch, ob ein solches Arzneimittel von der Gesetzlichen Krankenversicherung überhaupt, in bestimmten Fällen oder nie als ihrem Naturalleistungsspektrum zuordenbar eingestuft werden kann.

Die Versorgung von Patienten mit Arzneimitteln im Rahmen der Gesetzlichen Krankenversicherung wird durch Gesetz (Sozialgesetzbuch Band 5, SGB V) und untergesetzliche Norm (Arzneimittel-Richtlinie, AM-RL), die vom Gemeinsamen Bundesausschuss (G-BA) erlassen wird, festgelegt. Damit soll einerseits eine adäquate Versorgung der Versicherten mit Arzneimitteln, andererseits der wirtschaftliche Umgang mit den Beiträgen der Versicherten (und den Zuschüssen des Staates) zur Gesetzlichen Krankenversicherung (GKV) sichergestellt werden.

Damit wird den Vorgaben von § 2 Abs. 4 SGB V Rechnung getragen, der festlegt, dass alle Beteiligten wirtschaftlich agieren müssen.

Das Wirtschaftlichkeitsgebot in der Gesetzlichen Krankenversicherung wird in § 12 SGB V dahingehend konkretisiert, dass Leistungen ausreichend, zweckmäßig und notwendig sein müssen.

Auf dem Boden dieser, für alle Leistungen der Gesetzlichen Krankenversicherung zu beachtenden Grundsätze, wird im § 31 SGB V der Anspruch der Versicherten auf Versorgung mit apothekenpflichtigen Arzneimitteln, »soweit die Arzneimittel nicht nach § 34 oder durch Richtlinien nach § 92 Abs. 1 Satz 2 Nr. 6 ausgeschlossen sind«, festgelegt. Außerdem wird die Festbetragsregelung für Arznei- oder Verbandmittel adressiert.

§ 31 SGB V Arznei- und Verbandmittel, Verordnungsermächtigung

(1) Versicherte haben Anspruch auf Versorgung mit apothekenpflichtigen Arzneimitteln, soweit die Arzneimittel nicht nach § 34 oder durch Richtlinien nach § 92 Abs. 1 Satz 2 Nr. 6 ausgeschlossen sind, und auf Versorgung mit Verbandmitteln, Harn- und Blutteststreifen. Der Gemeinsame Bundesausschuss hat in den Richtlinien nach § 92 Abs. 1 Satz 2 Nr. 6 festzulegen, in welchen medizinisch notwendigen Fällen Stoffe und Zubereitungen aus Stoffen, die als Medizinprodukte nach § 3 Nr. 1 oder Nr. 2 des Medizinproduktegesetzes in der bis einschließlich 25. Mai 2021 geltenden Fassung zur Anwendung am oder im menschlichen Körper bestimmt sind, ausnahmsweise in die Arzneimittelversorgung einbezogen werden; § 34 Abs. 1 Satz 5, 7 und 8 und Abs. 6 sowie § 35 und die §§ 126 und 127 in der bis zum 10. Mai 2019 geltenden Fassung gelten entsprechend. Für verschreibungspflichtige und nicht verschreibungspflichtige Medizinprodukte nach Satz 2 gilt § 34 Abs. 1 Satz 6 entsprechend. Der Vertragsarzt kann Arzneimittel, die auf Grund der Richtlinien nach § 92 Abs. 1 Satz 2 Nr. 6 von der Versorgung ausgeschlossen sind, ausnahmsweise in medizinisch begründeten Einzelfällen mit Begründung verordnen. […]

(2) Für ein Arznei- oder Verbandmittel, für das ein Festbetrag nach § 35 festgesetzt ist, trägt die Krankenkasse die Kosten bis zur Höhe dieses Betrages, für andere Arznei- oder Verbandmittel die vollen Kosten, […]

(3) Versicherte, die das achtzehnte Lebensjahr vollendet haben, leisten an die abgebende Stelle zu jedem zu Lasten der gesetzlichen Krankenversicherung verordneten Arznei- und Verbandmittel als Zuzahlung den sich nach § 61 Satz 1 ergebenden Betrag, jedoch jeweils nicht mehr als die Kosten des Mittels. Satz 1 findet keine Anwendung bei Harn- und Blutteststreifen. Satz 1 gilt auch für Medizinprodukte, die nach Absatz 1 Satz 2 und 3 in die Versorgung mit Arzneimitteln einbezogen worden sind. […]

Damit wird konkretisiert, dass Arzneimittel, die nicht apothekenpflichtig (»nAp«) sind (Verkauf z. B. auch in Drogerien) keine Leistung der Gesetzlichen Krankenversicherung (GKV) darstellen.

In § 34 SGB V wird weitergehend festgelegt, dass nicht verschreibungspflichtige, aber apothekenpflichtige Arzneimittel (»Ap«) grundsätzlich keine Leistung der Gesetzlichen Krankenversicherung darstellen. Ausnahmen hiervon werden vom Gemeinsamen Bundesausschuss in der Anlage I der Arzneimittel-Richtlinie gelistet, wenn sie bei der Behandlung schwerwiegender Erkrankungen als Therapiestandard gelten. Dabei gilt es zu beachten, dass in der Anlage I »Wirkstoffe« in Verbindung mit Indikationen und nicht Handelsnamen angegeben sind. Damit können alle apothekenpflichtigen Fertigarzneimittel mit diesen »Wirkstoffen« (als einziger arzneilich wirksamer Bestandteil des Arzneimittels) eingesetzt werden, wenn die Anwendungsgebiete der Fachinformation mit denen der Anlage I übereinstimmen (▶ Tab. 2).

Tab. 2: Anlagen zur Arzneimittel-Richtlinie des Gemeinsamen Bundesausschusses

Anlagen-Nr.	Bezeichnung
Anlage I	OTC-Übersicht
Anlage II	Lifestyle Arzneimittel
Anlage III	Übersicht über Verordnungseinschränkungen und -ausschlüsse
Anlage IV	Therapiehinweise
Anlage V	Übersicht der verordnungsfähigen Medizinprodukte
Anlage Va	Verbandmittel und sonstige Produkte zur Wundbehandlung
Anlage VI	Off-Label-Use
Anlage VII	Aut idem
Anlage VIIa	Biologika und Biosimilars

Tab. 2: Anlagen zur Arzneimittel-Richtlinie des Gemeinsamen Bundesausschusses – Fortsetzung

Anlagen-Nr.	Bezeichnung
Anlage VIII	Hinweise zu Analogpräparaten
Anlage IX	Festbetragsgruppenbildung
Anlage X	Aktualisierung von Vergleichsgrößen
Anlage XI	aufgehoben
Anlage XII	Nutzenbewertung nach § 35a SGB V

§ 34 SGB V Ausgeschlossene Arznei-, Heil- und Hilfsmittel

(1) Nicht verschreibungspflichtige Arzneimittel sind von der Versorgung nach § 31 ausgeschlossen. Der Gemeinsame Bundesausschuss legt in den Richtlinien nach § 92 Abs. 1 Satz 2 Nr. 6 fest, welche nicht verschreibungspflichtigen Arzneimittel, die bei der Behandlung schwerwiegender Erkrankungen als Therapiestandard gelten, zur Anwendung bei diesen Erkrankungen mit Begründung vom Vertragsarzt ausnahmsweise verordnet werden können. Dabei ist der therapeutischen Vielfalt Rechnung zu tragen. Der Gemeinsame Bundesausschuss hat auf der Grundlage der Richtlinie nach Satz 2 dafür Sorge zu tragen, dass eine Zusammenstellung der verordnungsfähigen Fertigarzneimittel erstellt, regelmäßig aktualisiert wird und im Internet abruffähig sowie in elektronisch weiterverarbeitbarer Form zur Verfügung steht. Satz 1 gilt nicht für:
1. versicherte Kinder bis zum vollendeten 12. Lebensjahr,
2. versicherte Jugendliche bis zum vollendeten 18. Lebensjahr mit Entwicklungsstörungen.
Für Versicherte, die das achtzehnte Lebensjahr vollendet haben, sind von der Versorgung nach § 31 folgende verschreibungspflichtige Arzneimittel bei Verordnung in den genannten Anwendungsgebieten ausgeschlossen:
Arzneimittel zur Anwendung bei Erkältungskrankheiten und grippalen Infekten einschließlich der bei diesen Krankheiten an-

> zuwendenden Schnupfenmittel, Schmerzmittel, hustendämpfenden und hustenlösenden Mittel,
> 2. Mund- und Rachentherapeutika, ausgenommen bei Pilzinfektionen,
> 3. Abführmittel,
> 4. Arzneimittel gegen Reisekrankheit.
> Von der Versorgung sind außerdem Arzneimittel ausgeschlossen, bei deren Anwendung eine Erhöhung der Lebensqualität im Vordergrund steht. Ausgeschlossen sind insbesondere Arzneimittel, die überwiegend zur Behandlung der erektilen Dysfunktion, der Anreizung sowie Steigerung der sexuellen Potenz, zur Raucherentwöhnung, zur Abmagerung oder zur Zügelung des Appetits, zur Regulierung des Körpergewichts oder zur Verbesserung des Haarwuchses dienen. Das Nähere regeln die Richtlinien nach § 92 Abs. 1 Satz 2 Nr. 6. [...]
> Bei der Beurteilung von Arzneimitteln der besonderen Therapierichtungen wie homöopathischen, phytotherapeutischen und anthroposophischen Arzneimitteln ist der besonderen Wirkungsweise dieser Arzneimittel Rechnung zu tragen. [ ]

Somit sind, von Ausnahmen abgesehen, die in der Anlage I der Arzneimittel-Richtlinie nach § 92 Abs. 1 Satz 2 Nr. 6 SGB V (»OTC-Übersicht«; OTC=»over the counter«) gelistet sind, oder für versicherte Kinder bis zum vollendeten 12. Lebensjahr und für versicherte Jugendliche bis zum vollendeten 18. Lebensjahr mit Entwicklungsstörungen, nur verschreibungspflichtige Arzneimittel (»Rp«, Rezept eines Vertragsarztes erforderlich) Regelleistung der Gesetzlichen Krankenversicherung. Die »OTC-Übersicht« ist abschließend, was bedeutet, dass nur die dort gelisteten Wirkstoffe in diesen jeweils zugeordneten, aufgeführten Indikationen Leistung der Gesetzlichen Krankenversicherung sind, andere Wirkstoffe oder andere Indikationen sind davon nicht erfasst und damit auch keine Leistung der Gesetzlichen Krankenversicherung.

Allerdings gibt es auch bei verschreibungspflichtigen Arzneimitteln Ausnahmen von der Sachleistungspflicht der Gesetzlichen Krankenversicherung. So sind gemäß § 34 SGB V von der Versorgung »Arzneimittel ausgeschlossen, bei deren Anwendung eine Erhöhung der Lebensqualität im Vordergrund steht. Ausgeschlossen sind insbesondere Arzneimittel, die überwiegend zur Behandlung der erektilen Dysfunktion, der Anreizung sowie Steigerung der sexuellen Potenz, zur Raucherentwöhnung, zur Abmagerung oder zur Zügelung des Appetits, zur Regulierung des Körpergewichts oder zur Verbesserung des Haarwuchses dienen […]. Allerdings haben »Versicherte, bei denen eine bestehende schwere Tabakabhängigkeit festgestellt wurde, Anspruch auf eine einmalige Versorgung mit Arzneimitteln zur Tabakentwöhnung im Rahmen von evidenzbasierten Programmen zur Tabakentwöhnung.« Für Versicherte, die das achtzehnte Lebensjahr vollendet haben, sind verschreibungspflichtige Arzneimittel »[…] zur Anwendung bei Erkältungskrankheiten und grippalen Infekten einschließlich der bei diesen Krankheiten anzuwendenden Schnupfenmittel, Schmerzmittel, hustendämpfenden und hustenlösenden Mittel, Mund- und Rachentherapeutika, bei Pilzinfektionen, Abführmittel und Arzneimittel gegen Reisekrankheit ebenfalls von der Leistungspflicht der GKV ausgenommen«.

Unter Beachtung dieser regulatorischen Vorgaben können von Vertragsärzten (Mitglieder der Kassenärztlichen Vereinigung, KV) grundsätzlich alle verschreibungspflichtigen Arzneimittel auf dem als vorgegebenem Formularmuster (»Muster 16«) von der Kassenärztlichen Vereinigung bereitgestelltem Kassenrezept (inzwischen auch elektronisch) verordnet werden. Spezialrezepte sind für die Verordnung von dem Betäubungsmittelgesetz unterliegenden Arzneimitteln erforderlich. Nicht verschreibungspflichtige Arzneimittel, die nicht im Rahmen der Regelungen der Anlage I der Arzneimittelrichtlinie (»OTC-Übersicht«) eingesetzt werden, können auf einem Privatrezept, dessen Gestaltung nicht fest vorgeschrieben ist, verschrieben werden. Dadurch wird vom Verordner dokumentiert, dass das Arzneimittel (zumindest aus seiner Sicht) keine Leistung der Gesetzlichen Krankenversicherung darstellt. Verschreibungspflichtige Arzneimittel, die gemäß § 34 SGB V von der Leistungspflicht der Gesetzlichen Krankenversicherung ausgeschlossen sind, müssen auf einem Privatrezept verordnet werden, da diese ohne Rezept in der Apotheke nicht abgegeben werden dürfen und auf einem Kassenrezept nicht verordnet werden können, da sie keine Leistung der Gesetzlichen Krankenversicherung darstellen.

Bei jeder Verordnung zulasten der Gesetzlichen Krankenversicherung gilt das Prinzip der Wirtschaftlichkeit (§§ 2 und 12 SGB V) sowie der Zweckmäßigkeit (§12 SGB V). Übertragen auf die Verordnung von Arzneimitteln bedeutet dies, dass diese Vorgaben in der Regel nur bei zulassungskonformem Einsatz des jeweils kostengünstigsten, zweckmäßigen Arzneimittels erfüllt sind.

1.2.1 Off label use

Wenn Arzneimittel außerhalb Ihrer Zulassung (»label«) eingesetzt werden (sollen), wird dies in Anlehnung an den, im Englischen als »Label« bezeichneten Zulassungstext, als ein »off label use« (Einsatz außerhalb der Zulassung) bezeichnet. Ein zulassungskonformer Einsatz eines Arzneimittels wird entsprechend »on label use« oder »in label use« genannt.

Ein »off label use« kann vorliegen, wenn bei der Verordnung des (Fertig-)Arzneimittels vom Anwendungsgebiet, der Applikation, der Dosierung oder sonstigen, in der Fachinformation behördlich vorgegebenen, und damit verbindlichen Vorgaben bzw. Einschränkungen abgewichen wird. Dies stellt keinen Verstoß gegen das Arzneimittelgesetz dar, kann aber dazu führen, dass keine Leistungspflicht der Gesetzlichen Krankenversicherung resultiert.

In diesen Fällen liegen in der Regel keine wissenschaftlichen Daten vor, die eine Wirksamkeit bzw. einen Nutzen des Arzneimittels belegen und es daher als geeignet bzw. zweckmäßig zur Behandlung der Erkrankung erscheinen lassen, womit ein Verstoß gegen das Prinzip des »gesicherten Nutzens«, der geforderten Zweckmäßigkeit der Maßnahme und damit der Wirtschaftlichkeit gegeben ist.

Um die in § 70 SGB V geforderte, dem allgemein anerkannten Stand der medizinischen Erkenntnisse entsprechende Versorgung der Versicherten zu gewährleisten, muss geklärt werden, ob überhaupt bzw. seit der behördlichen Zulassung des Arzneimittels neue wissenschaftliche Erkenntnisse vorliegen, die unter Beachtung der Methodik der evidenzbasierten Medizin als in Fachkreisen anerkannter Stand der medizinisch-wissenschaftlichen Erkenntnisse oder belegte Wirksamkeit/belegter Nutzen anhand der vorliegenden wissenschaftlichen Erkenntnisse eingestuft werden können und damit die Zweckmäßigkeit dieses Arzneimitteleinsatzes plausibel machen.

Der Verweis auf den aktuellen Stand der wissenschaftlichen Erkenntnisse wird in § 2 Abs. 1 SGB V besonders betont. Dort wird festgelegt, dass Qualität und Wirksamkeit der Leistungen dem allgemein anerkannten Stand der medizinischen Erkenntnisse zu entsprechen haben.

Vom Bundessozialgericht (BSG) wurde hierzu am 19.03.2002 als wegweisend festgestellt (Az. B1 KR 37/00 R):

»Allerdings dürften diese aufgezeigten Defizite des Arzneimittelrechts (AMG) nicht dazu führen, dass den Versicherten unverzichtbare und erwiesenermaßen wirksame Therapien vorenthalten blieben. Grundsätzlich könne somit eine Leistungspflicht der Krankenkassen für eine Arzneitherapie außerhalb der zugelassenen Anwendungsgebiete nicht von vornherein verneint werden. Sie komme jedoch nur ausnahmsweise und unter engen Voraussetzungen in Betracht. Vom BSG wurden dafür folgende Bedingungen genannt, die erfüllt sein müssen:

1. Es handelt sich um eine schwerwiegende (lebensbedrohliche oder die Lebensqualität auf Dauer nachhaltig beeinträchtigende) Erkrankung, bei der
2. keine andere Therapie verfügbar ist und
3. auf Grund der Datenlage die begründete Aussicht besteht, dass mit dem betreffenden Präparat ein Behandlungserfolg (kurativ oder palliativ) erzielt werden kann.

Damit Letzteres angenommen werden kann, müssen Forschungsergebnisse vorliegen, die erwarten lassen, dass das Arzneimittel für die betreffende Indikation zugelassen werden kann. Davon kann ausgegangen werden, wenn entweder

- die Erweiterung der Zulassung bereits beantragt ist und die Ergebnisse einer kontrollierten klinischen Prüfung der Phase III (gegenüber Standard oder Placebo) veröffentlicht sind und eine klinisch relevante Wirksamkeit respektive einen klinisch relevanten Nutzen bei vertretbaren Risiken belegen

oder

- außerhalb eines Zulassungsverfahrens gewonnene Erkenntnisse veröffentlicht sind, die über Qualität und Wirksamkeit des Arzneimittels in dem neuen Anwendungsgebiet zuverlässige, wissenschaftlich nachprüfbare Aussagen zulassen und auf Grund derer in den einschlägigen Fachkreisen Konsens über einen voraussichtlichen Nutzen in dem vorgenannten Sinne besteht.«

Die drei genannten Kriterien müssen kumulativ erfüllt sein und beziehen sich auf eine Abweichung vom zugelassenen Anwendungsgebiet, der häufigsten Form eines »off label use«. Wenn eines dieser Kriterien nicht bestätigt werden kann, ist der Einsatz des Arzneimittels abweichend von seiner Zulassung zulasten der Gesetzlichen Krankenversicherung nicht möglich.

Ob eine Krankheit lebensbedrohlich ist, kann meist klar festgestellt werden. Schwieriger ist die Festlegung, ob eine Krankheit die Lebensqualität überhaupt, insbesondere aber nicht nur vorübergehend, wie z. B. ein Schnupfen, sondern nachhaltig, also über einen längeren, seitens der Gerichte nicht definierten Zeitraum beeinträchtigt, da hier patientenindividuelle Bewertungen in hohem Maße variabel einfließen.

Falls diese Bedingungen erfüllt sind, muss geklärt sein, dass keine andere (Standard-) Therapie aus dem Leistungsspektrum der Gesetzlichen Krankenversicherung zur Verfügung steht. Dabei ist zu beachten, dass das Therapieziel beim Einsatz des nicht zulassungskonform eingesetzten Arzneimittels dem der anderen Therapie entsprechen muss. So kann z. B. ein kurativer Ansatz nicht durch eine alternative Behandlung substituiert werden, die z. B. nur symptomlindernd wirkt.

Wichtig ist hierbei, dass es sich bei der anderen, im Leistungsportfolio der Gesetzlichen Krankenversicherung enthaltenen Therapie, nicht um ein Arzneimittel handeln muss, das zulassungskonform eingesetzt werden könnte, sondern auch eine Methode eine geeignete, zweckmäßige Alternative darstellen kann. Als Beispiel sei die möglicherweise gleichwertige Möglichkeit einer Operation, Bestrahlung oder Arzneimittel-Gabe genannt.

Hinsichtlich der Datenqualität zur Bewertung der neuen wissenschaftlichen Erkenntnisse wurde vom BSG am 30. 06. 2009 konkretisierend darauf hingewiesen: »Die Qualität der wissenschaftlichen Erkenntnisse über den Behandlungserfolg, die für eine zulassungsüberschreitende Pharmakotherapie auf Kosten der GKV nachgewiesen sein muss, entspricht derjenigen für die Zulassungsreife des Arzneimittels im betroffenen Indikationsbereich. Sie ist während und außerhalb eines arzneimittelrechtlichen Zulassungsverfahrens regelmäßig gleich« (Az. B1 KR 5/09 R).

Diesen Anforderungen genügt eine adäquat konzipierte, durchgeführte und ausgewertete (Placebo-) kontrollierte, randomisierte, prospektive Studie (Phase-III-Studie). In Ausnahmefällen kann auch eine Phase-II-Studie ausreichende Evidenz bieten. Tierexperimentelle Befunde, Einzelfallberichte, Fallsammlungen, retrospektive Auswertungen oder reiner Expertenkonsens genügen hierfür nicht.

Meist ist dieses dritte Kriterium nicht erfüllt, womit der »off label use«-Einsatz eines Arzneimittels nicht der Leistungspflicht der Gesetzlichen Krankenversicherung unterliegt.

Neben einem anderen Anwendungsgebiet, das den häufigsten Fall eines »off label use« darstellt und auf das sich die bisherige einschlägige und umfangreiche BSG-Rechtsprechung bezieht, kann ein »off label use« z. B. auch in Bezug auf den Applikationsweg (z. B. Injektion anstelle (Kurz-)Infusion) oder die Dosierung entstehen. Auch in diesen Fällen muss anhand wissenschaftlicher Publikationen geprüft werden, ob für die Abweichung eine, den bereits dargestellten, vom BSG geforderten Kriterien genügende Evidenz besteht, was meist nicht der Fall ist.

Bei einer von den Angaben in der Fachinformation abweichenden Dosierung könnte die Entscheidung, ob ein »off label use« vorliegt oder nicht, vom Wortlaut abhängig gemacht werden. Je verbindlicher die Dosierung festgelegt ist, desto wahrscheinlicher kann von einem »off label use« ausgegangen werden. Eine Formulierung wie »die Tagesdosis beträgt« oder »die Tageshöchstdosis beträgt« ist verbindlich und Abweichungen stellen einen »off label use« dar. Analog wäre auch die Dauertherapie mit einem Arzneimittel zu sehen, das nur für eine Induktionstherapie zugelassen ist. Anders sollten Formulierungen wie »die Dosis ist individuell zu titrieren« oder »die empfohlene Dosis beträgt« eingestuft werden. Eine Abweichung von den angegebenen Dosierungen dürfte keinen »off label use« darstellen, für den die genannten Voraussetzungen zu prüfen wären, bevor eine Leistungspflicht der Gesetzlichen Krankenversicherung anzunehmen wäre. Allerdings konnte für diese Konstellation noch kein Urteil des Bundessozialgerichts recherchiert werden.

Um vom Einzelfall unabhängig grundsätzlich häufig beantragte »off label use«-Konstellationen hinsichtlich der bestehenden Evidenz für Wirksamkeit und ggf. Nutzen sowie bekannter Nebenwirkungen zu prüfen, wurde beim Bundesinstitut für Arzneimittel (BfArM) die sogenannte »off label-Expertenkommission« eingerichtet. Diese prüft im Auftrag des Gemeinsamen Bundesausschusses derartige »off label use«-Konstellationen. Aufgrund des Ergebnisses dieser Prüfung wird die »off label use«-Indikation in der Anlage VIa oder VIb der Arzneimittel-Richtlinie aufgenommen.

In der Anlage VIa gelistete Wirkstoffe können in Form der entsprechenden Fertigarzneimittel ebenso zulasten der Gesetzlichen Krankenversicherung verordnet werden, wie offiziell für die dort aufgeführten Indikationen zugelassene Arzneimittel. Zu beachten ist dabei, dass nur die, in der Anlage VIa gelisteten Arzneimittel verordnungsfähig sind, für die der verantwortliche pharmazeutische Unternehmer die Produkthaftung für den »off label use« übernimmt (»dem »off label use« zustimmt«). Diese pharmazeutischen Unternehmer sind in der Anlage VIa zu jedem Wirkstoff gelistet.

Für die in der Anlage VIb aufgeführten Wirkstoffe ist in den aufgeführten Indikationen keine Evidenz für eine Wirksamkeit/einen Nutzen gefunden worden, weshalb die, diesen Wirkstoff enthaltenden Arzneimittel, in dem dort aufgeführten »off label use«-Anwendungsgebiet grundsätzlich auch im Einzelfall nicht der Leistungspflicht der Gesetzlichen Krankenversicherung unterliegen können.

Abweichungen von den dargestellten Konstellationen, in denen grundsätzlich keine Leistungspflicht der Gesetzlichen Krankenversicherung ableitbar wäre, sind möglich und können auch bei (deutlich) geringerer Evidenz eine Leistungspflicht der Gesetzlichen Krankenversicherung auslösen, wenn es sich um eine akut lebensbedrohliche oder regelmäßig tödliche (oder dieser wertungsmäßig gleichgestellte) Erkrankung handelt (▶ Kap. 3.1.3).

Diese Sondersituation wird in § 2 Abs 1a SGB V geregelt. Dort ist festgelegt: »Versicherte mit einer lebensbedrohlichen oder regelmäßig tödlichen Erkrankung oder mit einer zumindest wertungsmäßig vergleichbaren Erkrankung, für die eine allgemein anerkannte, dem medizinischen Standard entsprechende Leistung nicht zur Verfügung steht, können auch eine […] abweichende Leistung beanspruchen, wenn eine nicht ganz entfernt liegende Aussicht auf Heilung oder auf eine spürbare positive Einwirkung auf den Krankheitsverlauf besteht […]«.

Durch die Rechtsprechung des Bundessozialgerichts[1] und des Verfassungsgerichtes[2] wurde hierzu klargelegt, dass die bereits im BSG-Urteil vom 19.03.2002[3] zum »off label use« festgelegte Notwendigkeit des Vorliegens einer schwerwiegenden (lebensbedrohlichen oder die Lebensqualität nachhaltig beeinträchtigenden) Krankheit im Fall der Anwendbarkeit des § 2 Abs 1a SGB V dahingehend konkretisiert wurde, dass eine akute Lebensbedrohlichkeit mit dringlichem Handlungsbedarf bestehen muss. In einem solchen Fall kann das Evidenzniveau geringer angesetzt werden. Es könnten abhängig vom konkreten Einzelfall auch (eine oder mehrere) Kasuistiken oder Fallserien ausreichen, um den »off label use« zulasten der Gesetzlichen Krankenversicherung zu rechtfertigen. Pathophysiologische Überlegungen oder tierexperimentelle Befunde genügen dagegen auch in dieser Situation nicht.

Als weitere Ausnahme von der beschriebenen Regelung für den Einsatz eines (Fertig-) Arzneimittels im »off label use« wurde vom Bundessozialgericht am 19.10.2004[4] die Situation eines Seltenheitsfalles festgestellt. Die zu behandelnde Krankheit muss seltener als eine »Orphan Disease« sein, weshalb sich »ihre Behandlung der systematischen Erforschung entzieht«[5]. Von der Europäischen Arzneimittelagentur werden »Orphan Diseases« definiert als Krankheiten, die nicht öfter als 5:10.000 innerhalb der Europäischen Union auftreten dürfen.[6]

---

1 z. B. B1 KR 29/20R, 16.08.2021; B1 KR 22/18 R, 19.03.2020; B1 KR 12/06R, 14.12.2006
2 1 BvR 347/98, 06.12.2005; 1 BvR 2056/12, 10.11.2015
3 B1 KR 37/00 R
4 B 1 KR 27/02 R
5 B 1 KR 17/06 R, 27.03.2007
6 https://www.ema.europa.eu/en/human-regulatory/overview/orphan-designation-overview

1.2.2 Import

In Deutschland nicht zugelassene oder verfügbare Arzneimittel können unter bestimmten, im Arzneimittelgesetz geregelten Voraussetzungen, nach Deutschland importiert werden. Ferner können auch Arzneimittel, die auf dem deutschen Markt verfügbar sind, aus dem Ausland importiert werden (z. B. Parallelimport).

Diese Voraussetzungen sind in § 73 AMG geregelt. Für Arzneimittel mit Zulassung in Deutschland, die aus dem Ausland importiert werden sollen, ist § 73 Abs 1 AMG anzuwenden. Diese Situation tritt häufig auf, wenn Arzneimittel mit zentraler europa(EU)-weit gültiger Zulassung auf dem deutschen Markt nicht angeboten werden (»opt out«) und daher aus dem Ausland importiert werden müssen.

§ 73 AMG Verbringungsverbot

(1) Arzneimittel, die der Pflicht zur Zulassung oder Genehmigung nach § 21a oder zur Registrierung unterliegen, dürfen in den Geltungsbereich dieses Gesetzes nur verbracht werden, wenn sie zum Verkehr im Geltungsbereich dieses Gesetzes zugelassen, nach § 21a genehmigt, registriert oder von der Zulassung oder der Registrierung freigestellt sind und
1. der Empfänger in dem Fall des Verbringens aus einem Mitgliedstaat der Europäischen Union oder einem anderen Vertragsstaat des Abkommens über den Europäischen Wirtschaftsraum pharmazeutischer Unternehmer, Großhändler oder Tierarzt ist, eine Apotheke betreibt oder als Träger eines Krankenhauses nach dem Apothekengesetz von einer Apotheke eines Mitgliedstaates der Europäischen Union oder eines anderen Vertragsstaates des Abkommens über den Europäischen Wirtschaftsraum mit Arzneimitteln versorgt wird,
1a. im Falle des Versandes an den Endverbraucher das Arzneimittel von einer Apotheke eines Mitgliedstaates der Europäischen Union oder eines anderen Vertragsstaates des Abkommens über den Europäischen Wirtschaftsraum, welche für den Versandhandel nach ihrem nationalen Recht, soweit es dem deutschen Apothekenrecht im Hinblick auf die Vorschriften zum Versandhandel entspricht,

oder nach dem deutschen Apothekengesetz befugt ist, entsprechend den deutschen Vorschriften zum Versandhandel oder zum elektronischen Handel versandt wird oder

2. der Empfänger in dem Fall des Verbringens aus einem Staat, der nicht Mitgliedstaat der Europäischen Union oder ein anderer Vertragsstaat des Abkommens über den Europäischen Wirtschaftsraum ist, eine Erlaubnis nach § 72, § 72b oder § 72c besitzt.
[...]
(2) Absatz 1 Satz 1 gilt nicht für Arzneimittel, die
[...]
6a. im Herkunftsland in Verkehr gebracht werden dürfen und ohne gewerbs- oder berufsmäßige Vermittlung in einer dem üblichen persönlichen Bedarf entsprechenden Menge aus einem Mitgliedstaat der Europäischen Union oder einem anderen Vertragsstaat des Abkommens über den Europäischen Wirtschaftsraum bezogen werden,
[...]
(3) Abweichend von Absatz 1 Satz 1 dürfen Fertigarzneimittel, die nicht zum Verkehr im Geltungsbereich dieses Gesetzes zugelassen, registriert oder von der Zulassung oder Registrierung freigestellt sind, in den Geltungsbereich dieses Gesetzes verbracht werden, wenn

1. sie von Apotheken auf vorliegende Bestellung einzelner Personen in geringer Menge bestellt und von diesen Apotheken im Rahmen der bestehenden Apothekenbetriebserlaubnis abgegeben werden,

2. sie in dem Staat rechtmäßig in Verkehr gebracht werden dürfen, aus dem sie in den Geltungsbereich dieses Gesetzes verbracht werden, und

3. für sie hinsichtlich des Wirkstoffs identische und hinsichtlich der Wirkstärke vergleichbare Arzneimittel für das betreffende Anwendungsgebiet im Geltungsbereich des Gesetzes nicht zur Verfügung stehen

oder wenn sie in angemessenem Umfang, der zur Sicherstellung einer ordnungsgemäßen Versorgung der Patienten des Krankenhauses notwendig ist, zum Zwecke der vorübergehenden Bevorratung von einer Krankenhausapotheke oder krankenhausversor-

> genden Apotheke unter den Voraussetzungen der Nummer 2 bestellt und von dieser Krankenhausapotheke oder krankenhausversorgenden Apotheke unter den Voraussetzungen der Nummer 3 im Rahmen der bestehenden Apothekenbetriebserlaubnis zum Zwecke der Verabreichung an einen Patienten des Krankenhauses unter der unmittelbaren persönlichen Verantwortung einer ärztlichen Person abgegeben werden oder sie nach den apothekenrechtlichen Vorschriften oder berufsgenossenschaftlichen Vorgaben oder im Geschäftsbereich des Bundesministeriums der Verteidigung für Notfälle vorrätig zu halten sind oder kurzfristig beschafft werden müssen, wenn im Geltungsbereich dieses Gesetzes Arzneimittel für das betreffende Anwendungsgebiet nicht zur Verfügung stehen. […]

Sollen Arzneimittel aus dem Ausland nach Deutschland importiert werden, für die in Deutschland keine Zulassung besteht, sind die Vorgaben des § 73 Abs. 3 AMG zu beachten.

Auch wenn der Import von in Deutschland nicht zugelassenen Arzneimitteln gemäß § 73 Abs. 3 AMG möglich wäre, besteht eine Leistungspflicht der Gesetzlichen Krankenversicherung nur in sehr engen, vom Bundessozialgericht im Urteil vom 04.04.2006[7] festgelegten Grenzen. Dem zufolge müssen kumulativ folgende Bedingungen erfüllt sein:

1. Es liegt eine lebensbedrohliche oder regelmäßig tödliche Erkrankung mit einem notstandsähnlichen Charakter vor.
2. Es steht keine allgemein anerkannte, dem medizinischen Stand entsprechende Behandlung (mehr) zur Verfügung.
3. Es besteht eine auf Indizien gestützte, nicht ganz fernliegende Aussicht auf Heilung oder wenigstens auf eine spürbare positive Einwirkung auf den Krankheitsverlauf.
4. Der voraussichtliche Nutzen überwiegt in einer Abwägung zwischen Chancen und Risiken.

---

7   Az.: B 1 KR 7/05 R

5. Es darf keine Zulassungsversagung des Bundesinstituts für Arzneimittel und Medizinprodukte (BfArM) oder der Europäischen Arzneimittel-Agentur (EMA) vorliegen.
6. Die Anwendung darf nicht im Rahmen einer klinischen Studie erfolgen.

Die Prüfung der einzelnen Voraussetzungen folgt denselben Kriterien, wie sie bereits beim »off label use« beschrieben wurden und führt nur sehr selten zur Feststellung einer Leistungspflicht der Gesetzlichen Krankenversicherung.

Anders stellt sich die Situation beim Import von Arzneimitteln gemäß § 73 Abs 1 AMG dar. Abgesehen von akuten, vorübergehenden Lieferproblemen bei den auf dem deutschen Markt verfügbaren Arzneimitteln (z. B. Chargen-Verunreinigung, Ausfall von Herstellungskapazitäten etc.) muss dieser Weg beschritten werden, wenn pharmazeutische Unternehmen nach Zulassung des Arzneimittels für die Europäische Union durch die EMA/Europäische Kommission und damit auch bestehender Zulassung in Deutschland den deutschen Markt nicht oder nicht mehr bedienen, da sie z. B. mit den zu verhandelnden Preisen nicht einverstanden sind (»opt out«).

Derartige Arzneimittel können bei medizinischer Notwendigkeit ebenso verordnet werden, wie in Deutschland verfügbare Arzneimittel. In einem solchen Fall zielt auch die Frage nach der Wirtschaftlichkeit ins Leere, sofern diese Arzneimittel im konkreten Einzelfall als medizinisch notwendig angesehen werden müssen (und alternativlos sind).

1.2.3 Festbetrag

Um die Wirtschaftlichkeit der Arzneimittelverordnung zu steigern, werden seit 1989 Festbeträge für verschiedene Gruppen von Arzneimitteln festgelegt. Diese werden als Anlage IX der Arzneimittelrichtlinie vom G-BA regelmäßig aktualisiert.

Die Festbetragsgruppen folgen drei unterschiedlichen Ansätzen. Die Festbetragsgruppe der Stufe 1 besteht aus Arzneimitteln mit denselben Wirkstoffen, die der Stufe 2 aus Arzneimitteln, deren Wirkstoffe pharmakologisch und damit deren Wirkung vergleichbar sind, und die der Stufe 3 aus Arzneimitteln mit vergleichbarer therapeutischer Wirkung trotz verschiedener Wirkstoffe.

Die Leistungspflicht der Gesetzlichen Krankenversicherung umfasst alle in diesen Gruppen gelistete Arzneimittel, die den Festbetrag nicht überschreiten (vgl. § 12 Abs. 2 SGB V).

Arzneimittel, deren Preis über dem Festbetrag liegt, können im Einzelfall dennoch erforderlich sein und dann auch der Leistungspflicht der Gesetzlichen Krankenversicherung unterliegen. Voraussetzung hierfür ist allerdings, dass bei dem Patienten alle Arzneimittel der jeweiligen Festbetragsgruppe in ausreichender Dosierung und über einen ausreichenden Zeitraum eingesetzt wurden und keine (ausreichende) Wirksamkeit zeigten oder unabhängig vom Zeitraum ihrer Anwendung Nebenwirkungen/Unverträglichkeiten zeigen.

In dem diesbezüglichen Grundsatzurteil des Bundessozialgerichts vom 03.07.2012[8] wurde erläutert: »[...] Die gesetzlich vorgegebenen Kriterien der Festbetragsfestsetzung sind nicht an den individuellen Verhältnissen des einzelnen Patienten ausgerichtet, sondern orientieren sich in generalisierender Weise an allen Versicherten [...]. Dementsprechend sind die Festbeträge so festzusetzen, dass sie lediglich »im Allgemeinen« eine ausreichende, zweckmäßige und wirtschaftliche sowie in der Qualität gesicherte Versorgung gewährleisten (§ 35 Abs 5 S 1 SGB V). Geht es dagegen um einen atypischen Ausnahmefall, in dem – trotz Gewährleistung einer ausreichenden Arzneimittelversorgung durch die Festbetragsfestsetzung im Allgemeinen – aufgrund der ungewöhnlichen Individualverhältnisse keine ausreichende Versorgung zum Festbetrag möglich ist, greift die Leistungsbeschränkung auf den Festbetrag nicht ein. [...] Aufgrund ungewöhnlicher Individualverhältnisse ist keine ausreichende Versorgung zum Festbetrag mehr möglich, wenn die zum Festbetrag erhältlichen Arzneimittel unerwünschte Nebenwirkungen verursachen, die über bloße Unannehmlichkeiten oder Befindlichkeitsstörungen hinausgehen und damit die Qualität einer behandlungsbedürftigen Krankheit (§ 27 Abs 1 S 1 SGB V) erreichen. Die Beurteilung der Verursachung richtet sich nach der im Sozialrecht maßgeblichen Theorie der wesentlichen Bedingung. Die Erfüllung dieser Voraus-

---

8 Az.: B 1 KR 22/11 R

setzungen muss in Gerichtsverfahren grundsätzlich zur vollen Überzeugung des Gerichts feststehen. Lediglich für die zu prüfenden Kausalzusammenhänge genügt die überwiegende Wahrscheinlichkeit. Nach allgemeinen Grundsätzen tragen die Versicherten hierfür die objektive Beweislast.«[9].

1.2.4 Generika und Biosimilars

Die Wirkstoffe von Arzneimitteln, die neu zugelassen werden, sind patentgeschützt. Dieser Patentschutz umfasst i. d. R 20 Jahre. Da er bereits mindestens seit Beginn der klinischen Prüfung der Substanz besteht, gilt er meist nach der Zulassung eines neuen Arzneimittels nur noch einige Jahre. Mit Ablauf des Patents können auch andere Hersteller den Wirkstoff herstellen und nach Zulassung durch die Arzneimittelbehörde als Generikum oder Biosimilar vermarkten. Derartige Arzneimittel sind billiger als die Originale, da die Entwicklungs-/Forschungskosten entfallen bzw. deutlich geringer sind als für den Originalhersteller.

Generika und Biosimilars haben im Zusammenhang mit der Festbetragsgruppenbildung große Bedeutung (▶ Kap. 1.2.3)

1.2.4.1 Generika

Als Generika werden Fertigarzneimittel bezeichnet, die hinsichtlich Wirkstoff identisch und hinsichtlich pharmakologischer Parameter (Bioverfügbarkeit: z.B. Resorption, Verteilung, Darreichungsform und Wirkstärke) vergleichbar zum »Originalpräparat« sind. Sie werden nach Ablauf des Patentschutzes des Wirkstoffes hergestellt und vor ihrer Zulassung vom BfArM geprüft. Im Zulassungsprozess wird geprüft, ob sie alle Qualitätsstandards ebenso wie das Originalpräparat erfüllen, die im Rahmen einer Arzneimittelzulassung gefordert werden. Als einzige Erleichterung kann auf Unterlagen, die dem BfArM aufgrund des früheren Zulassungsantrages für das »Originalpräparat« (Referenzarzneimittel) bereits vorliegen (präklinische und klinische

---

9 https://openjur.de/u/618510.html

Prüfung, Sicherheit und Unbedenklichkeit etc.) zurückgegriffen (§ 24b AMG; Artikel 10 Absatz 1 der Richtlinie 2001/83/EG) und dadurch die mit der eigenen Erhebung dieser Daten verbundenen Kosten eingespart werden. (BfArM 2023a)

1.2.4.2 Biosimilars

Bei Biosimilars handelt es sich, wie bei Generika, um Wirkstoffe, die nach Ablauf des Patentschutzes des »Originalpräparates« hergestellt werden. Anders als Generika, die als Molekül identisch zur patentierten Substanz produziert werden können, ist dies bei biotechnologisch hergestellten Molekülen nicht möglich – die Moleküle sind sich untereinander ähnlich (»similar«), nicht dagegen identisch, da sie nicht nur durch die Molekülstruktur, sondern auch durch den Herstellungsprozess definiert werden. Jede Charge zeigt leichte Abweichungen von der anderen, auch bereits beim Herstellungsprozess des Originalpräparates während des Patentschutzes. Das Zulassungsverfahren von Biosimilars ist daher aufwändiger als das der Generika und es müssen anders als bei diesen, Studien zu Wirksamkeit und Unbedenklichkeit des Biosimilars durchgeführt werden (§ 24 b Absatz 5 AMG; Artikel 10 Absatz 4 der Richtlinie 2001/83/EG). Für das Biosimilar muss belegt werden, dass es dem Referenzarzneimittel (i.d.R. ehemals patentgeschütztes Arzneimittel) hinsichtlich Art und Menge der Wirkstoffzusammensetzung und Darreichungsform entspricht. Ferner muss die Bioäquivalenz beider Arzneimittel nachgewiesen werden – der Wirkstoff beider Arzneimittel muss vergleichbar schnell und in vergleichbarer Menge in den Körper des Menschen aufgenommen, ggf. verstoffwechselt bzw. ausgeschieden werden. (BfArM 2023b)

1.2.5 Compassionate use

Seit der Änderung des Arzneimittelgesetzes vom 17.07.2009 ist es möglich, (noch) nicht zugelassene Arzneimittel für Patienten, die an schweren, zur Behinderung oder zum Tod führenden Erkrankungen leiden und mit den verfügbaren Mitteln (Arzneimittel, Methoden) nicht (ausreichend) behandelt werden können, verfügbar zu machen, wenn diese vom Pharmazeutischen Unternehmer kostenlos zur Verfügung gestellt werden (BfArM 2023c).

Derartige Möglichkeiten werden meist in der Übergangszeit zwischen Abschluss der Zulassungsstudien und Markteintritt nach Abschluss des Zulassungsverfahrens angeboten, um betroffene Patienten möglichst frühzeitig behandeln bzw. Studienteilnehmer auch nach Abschluss der Studie weiter behandeln zu können.

1.2.6 Named patient program

Anders als beim »compassionate use« ist beim »named patient program« die arzneimittelrechtliche Zulassung bereits erfolgt, das Arzneimittel aber (noch) nicht verfügbar. Dies kann der Fall sein, wenn es in Deutschland (noch) nicht oder nicht mehr angeboten wird, abweichend von anderen Ländern hier (noch) nicht zugelassen ist oder aufgrund von z. B. Lieferengpässen nicht (in ausreichender Menge) zur Verfügung steht. (WEP Clinical. 2023)

2 Medizinprodukte

2.1 Definition

Das deutsche Medizinproduktegesetz trat am 01.01.1995 in Kraft. In diesem Gesetz werden Medizinprodukte als Produkte mit medizinischer Zweckbestimmung definiert, die vom Hersteller für die Anwendung beim Menschen bestimmt sind.

> »Dazu gehören Implantate, Produkte zur Injektion, Infusion, Transfusion und Dialyse, humanmedizinische Instrumente, Software, Katheter, Herzschrittmacher, Dentalprodukte, Verbandstoffe, Sehhilfen, Röntgengeräte, Kondome, ärztliche Instrumente, Labordiagnostika, Produkte zur Empfängnisregelung sowie In-vitro-Diagnostika.
>
> Zu den In-vitro-Diagnostika zählen Reagenzien, Reagenzprodukte, Kits, Probenbehältnisse, Geräte und weitere Produkte, die zur In-vitro-Untersuchung von Proben aus dem menschlichen Körper bestimmt sind.
>
> Medizinprodukte sind auch Produkte, die einen Stoff oder Zubereitungen aus Stoffen enthalten oder mit solchen beschichtet sind, die bei gesonderter Verwendung als Arzneimittel oder Bestandteil eines Arzneimittels (einschließlich Plasmaderivate) angesehen werden und in Ergänzung zu den Funktionen des Produktes eine Wirkung auf den menschlichen Körper entfalten können.
>
> Anders als bei Arzneimitteln, die pharmakologisch, immunologisch oder metabolisch wirken, wird die bestimmungsgemäße Hauptwirkung bei Medizinprodukten primär auf physikalischem Weg erreicht.«[10]

Alle Medizinprodukte bedürfen einer CE-Kennzeichnung, um im deutschen/europäischen Markt verkehrsfähig zu sein und damit bei

---

10 https://www.bundesgesundheitsministerium.de/themen/gesundheitswesen/medizinprodukte/definition-und-wirtschaftliche-bedeutung.html

medizinischer Notwendigkeit deren Einsatzes auch dem Sachleistungsprinzip der Gesetzlichen Krankenversicherung zu unterliegen. In diesem Zusammenhang ist auch die Gebrauchsinformation des Medizinproduktes von Bedeutung, in der der bestimmungsgemäße Gebrauch festgelegt wird.

Ein Abweichen von der, vom Hersteller festgelegten Zweckbestimmung ist zwar nicht verboten, kann aber zum Wegfall der Produkthaftung des Herstellers führen und diese auf den Anwender verschieben.

Im Gegensatz zu (Fertig-)Arzneimitteln, die einen formalen behördlichen Zulassungsprozess durchlaufen müssen, der sich in der Fachinformation niederschlägt, ist ein solcher für Medizinprodukte in Deutschland (Europa) im Gegensatz zu den USA (FDA) nicht vorgesehen. Die zweckmäßige Anwendung von Medizinprodukten wird in der Gebrauchsinformation zwar dokumentiert, nicht aber behördlich genehmigt bzw. festgelegt. Entsprechend kann es bei Medizinprodukten auch keinen »off label use« geben.

Der zeitlichen Aufeinanderfolge von Arzneimittelgesetz (AMG, 01.08.1961) und Medizinproduktegesetz (MPG, 02.08.1994) ist die Anlage V der Arzneimittelrichtlinie geschuldet. Präparate, die aufgrund ihrer Wirkung dem Medizinproduktegesetz zufolge als Medizinprodukte zu deklarieren wären, vor dessen Inkrafttreten aber als Arzneimittel zugelassen bzw. registriert waren (oder noch werden) können infolge des Prinzips der Besitzstandswahrung diesen Status nicht verlieren, weshalb hier eine Auflistung der »arzneimittelähnlichen Medizinprodukte« aufgrund von Listungsanträgen der Hersteller/Vertreiber erfolgte. Diese ist hinsichtlich der Präparate als auch der Indikationen abschließend, d.h. weder andere Präparate können analog eingesetzt werden noch können Abweichungen von den dort hinterlegten Indikationen erfolgen.

2.2 Sozialrechtliche Bewertung

Medizinprodukte können sozialrechtlich als Hilfsmittel, als Hilfsmittel als Bestandteil einer Methode oder als Bestandteil einer Methode, ohne gleichzeitig Hilfsmittel zu sein, eingeteilt werden. Als Sonderstellung sind die in der Anlage V der Arzneimittel-Richtlinie aufgeführten »arzneimittelähnlichen Medizinprodukte« anzusehen. Geräte und z. B. Implantate, die ebenfalls Medizinprodukte sind, sollen im hier dargestellten Kontext nicht berücksichtigt werden.

Im Sozialgesetzbuch, 5. Band, (SGB V) ist im § 33 die Versorgung mit Hilfsmitteln zu Lasten der Gesetzlichen Krankenversicherung geregelt:

»(1) Versicherte haben Anspruch auf Versorgung mit Hörhilfen, Körperersatzstücken, orthopädischen und anderen Hilfsmitteln, die im Einzelfall erforderlich sind, um den Erfolg der Krankenbehandlung zu sichern, einer drohenden Behinderung vorzubeugen oder eine Behinderung auszugleichen, [...]«

Im Folgenden soll nur insofern auf Medizinprodukte eingegangen werden, als diese als Bestandteil einer Methode anzusehen und damit meist nicht als Hilfsmittel einzustufen sind. Der Einsatz von Methoden und damit auch der von Medizinprodukten als Bestandteil einer Methode sind für den Vertragsärztlichen Bereich in § 135 SGB V und für den Einsatz im Rahmen einer (vor-/nach-) stationären Behandlung in einem Vertragskrankenhaus in § 137 c SGB V geregelt.

§ 135 SGB V Bewertung von Untersuchungs- und Behandlungsmethoden

(1) Neue Untersuchungs- und Behandlungsmethoden dürfen in der vertragsärztlichen und vertragszahnärztlichen Versorgung zu Lasten der Krankenkassen nur erbracht werden, wenn der Gemeinsame Bundesausschuss auf Antrag eines Unparteiischen nach § 91 Abs. 2 Satz 1, einer Kassenärztlichen Bundesvereinigung, einer Kassenärztlichen Vereinigung oder des Spitzenverbandes Bund der Krankenkassen in Richtlinien nach § 92 Abs. 1 Satz 2 Nr. 5 Empfehlungen abgegeben hat über

1. die Anerkennung des diagnostischen und therapeutischen Nutzens der neuen Methode sowie deren medizinische Notwendigkeit und Wirtschaftlichkeit – auch im Vergleich zu bereits zu Lasten der Krankenkassen erbrachte Methoden – nach dem jeweiligen Stand der wissenschaftlichen Erkenntnisse in der jeweiligen Therapierichtung,
2. die notwendige Qualifikation der Ärzte, die apparativen Anforderungen sowie Anforderungen an Maßnahmen der Qualitätssicherung, um eine sachgerechte Anwendung der neuen Methode zu sichern, und
3. die erforderlichen Aufzeichnungen über die ärztliche Behandlung.
Der Gemeinsame Bundesausschuss überprüft die zu Lasten der Krankenkassen erbrachten vertragsärztlichen und vertragszahnärztlichen Leistungen daraufhin, ob sie den Kriterien nach Satz 1 Nr. 1 entsprechen. Falls die Überprüfung ergibt, daß diese Kriterien nicht erfüllt werden, dürfen die Leistungen nicht mehr als vertragsärztliche oder vertragszahnärztliche Leistungen zu Lasten der Krankenkassen erbracht werden.
[...]
(2) Für ärztliche und zahnärztliche Leistungen, welche wegen der Anforderungen an ihre Ausführung oder wegen der Neuheit des Verfahrens besonderer Kenntnisse und Erfahrungen (Fachkundenachweis), einer besonderen Praxisausstattung oder anderer Anforderungen an die Versorgungsqualität bedürfen, können die Partner der Bundesmantelverträge einheitlich entsprechende Voraussetzungen für die Ausführung und Abrechnung dieser Leistungen vereinbaren.
[...]

§ 137c SGB V Bewertung von Untersuchungs- und Behandlungsmethoden im Krankenhaus

(1) Der Gemeinsame Bundesausschuss nach § 91 überprüft auf Antrag eines Unparteiischen nach § 91 Absatz 2 Satz 1, des Spitzenverbandes Bund der Krankenkassen, der Deutschen Krankenhausgesellschaft oder eines Bundesverbandes der Krankenhaus-

träger Untersuchungs- und Behandlungsmethoden, die zu Lasten der gesetzlichen Krankenkassen im Rahmen einer Krankenhausbehandlung angewandt werden oder angewandt werden sollen, daraufhin, ob sie für eine ausreichende, zweckmäßige und wirtschaftliche Versorgung der Versicherten unter Berücksichtigung des allgemein anerkannten Standes der medizinischen Erkenntnisse erforderlich sind. Ergibt die Überprüfung, dass der Nutzen einer Methode nicht hinreichend belegt ist und sie nicht das Potenzial einer erforderlichen Behandlungsalternative bietet, insbesondere weil sie schädlich oder unwirksam ist, erlässt der Gemeinsame Bundesausschuss eine entsprechende Richtlinie, wonach die Methode im Rahmen einer Krankenhausbehandlung nicht mehr zulasten der Krankenkassen erbracht werden darf. Ergibt die Überprüfung, dass der Nutzen einer Methode noch nicht hinreichend belegt ist, sie aber das Potenzial einer erforderlichen Behandlungsalternative bietet, beschließt der Gemeinsame Bundesausschuss eine Richtlinie zur Erprobung nach § 137e. Nach Abschluss der Erprobung erlässt der Gemeinsame Bundesausschuss eine Richtlinie, wonach die Methode im Rahmen einer Krankenhausbehandlung nicht mehr zulasten der Krankenkassen erbracht werden darf, wenn die Überprüfung unter Hinzuziehung der durch die Erprobung gewonnenen Erkenntnisse ergibt, dass die Methode nicht den Kriterien nach Satz 1 entspricht.
[…]
(3) Untersuchungs- und Behandlungsmethoden, zu denen der Gemeinsame Bundesausschuss bisher keine Entscheidung nach Absatz 1 getroffen hat, dürfen im Rahmen einer Krankenhausbehandlung angewandt und von den Versicherten beansprucht werden, wenn sie das Potential einer erforderlichen Behandlungsalternative bieten und ihre Anwendung nach den Regeln der ärztlichen Kunst erfolgt, sie also insbesondere medizinisch indiziert und notwendig ist. Dies gilt sowohl für Methoden, für die noch kein Antrag nach Absatz 1 Satz 1 gestellt wurde, als auch für Methoden, deren Bewertung nach Absatz 1 noch nicht abgeschlossen ist.

3 Methoden

3.1 Definition

Im Gegensatz zu Arzneimitteln bzw. Medizinprodukten gibt es in Deutschland kein Gesetz oder eine Verordnung, in der eine Methode definiert wird.

Für die sozialmedizinische Begutachtung muss man sich auf die einschlägige Rechtsprechung des Bundessozialgerichts beziehen. Dabei sind im Wesentlichen zwei Urteile relevant:

> »Eine medizinische Vorgehensweise erlangt insbesondere dann die Qualität einer Behandlungsmethode, wenn ihr ein eigenes theoretisch-wissenschaftliches Konzept zugrunde liegt, das sie von anderen Therapieverfahren unterscheidet und ihre systematische Anwendung in der Behandlung bestimmter Krankheiten rechtfertigen soll.«[11]

In diesem ersten Urteil wurde darauf abgezielt, dass ein wissenschaftliches Konzept vorliegen muss und die Methode für verschiedene Patienten mit der gleichen oder einer vergleichbaren Diagnose angewendet werden kann. Nur für einen Einzelfall entwickelte Behandlungsstrategien würden dieser Definition nicht entsprechen.

Im zweiten Urteil wird definiert:

> »Eine Methode umfasst das diagnostische bzw. therapeutische Vorgehen als Ganzes unter Einschluss aller nach dem jeweiligen methodischen Ansatz zur Erreichung des Behandlungsziels erforderlichen Einzelschritte und

---

11 BSG: B 1 KR 19/96 R, 23.07.1998

umfasst damit neben der ärztlichen Leistung auch die durch den Arzt veranlassten Sach- und Dienstleistungen Dritter.«[12]

In diesem Urteil wird herausgestellt, dass (relevante) Änderungen beim diagnostischen oder therapeutischen Vorgehen ggf. eine neue Methode zu definieren erforderlich machen – also eine »Neue Untersuchungs- und Behandlungsmethode« (NUB) vorliegt. Wichtig ist hier auch, dass eine ärztliche Leistung, deren Umfang nicht definiert ist, aber über eine reine Verordnungs-/Überweisungstätigkeit hinausgehen muss, Bestandteil der Maßnahmen sein muss, um die Definition einer Methode zu erfüllen.

An dieser Stelle soll darauf hingewiesen werden, dass die hier diskutierten »Neuen Untersuchungs- und Behandlungsmethoden« nicht mit der InEK[13]-Liste NUB verwechselt werden dürfen. Die hier diskutierten »Neuen Untersuchungs- und Behandlungsmethoden« beziehen sich auf Methoden (ggf. unter Einschluss eines Medizinproduktes) oder sogenannte »zusammengesetzte Methoden«, bei denen ein Arzneimittel wesentlicher Bestandteil ist, und werden unter dem Aspekt des patientenrelevanten Nutzens betrachtet. Die InEK-NUB-Liste enthält zunehmend viele Arzneimittel neben Methoden, wobei als relevantes Kriterium für die Listung gilt, dass der Einsatz der dort aufgeführten Arzneimittel/Methoden im DRG-System nicht adäquat (kostendeckend) monetär abgebildet ist, weshalb sogenannte Zusatzentgelte (ZE) zwischen Gesetzlichen Krankenkassen und den, diese Anträge stellenden Krankenhäusern, vereinbart werden können. Krankenhäuser, die derartige Anträge beim InEK nicht gestellt haben, können diese krankenhausindividuell vereinbarten Zusatzentgelte nicht abrechnen.

3.1.1 Evidenzbasierte Methodenbewertung

Die hinsichtlich der Evidenzbewertung anzuwendenden Kriterien sind vom Gemeinsamen Bundesausschuss in § 11 »Klassifizierung und Bewertung von Unterlagen« der Verfahrensordnung festgelegt wor-

---

12 BSG: B 1 KR 11/98 R, 28.03.2000
13 Institut für das Entgeltsystem im Krankenhaus

den und gelten für alle Evidenzbewertungen, auch diejenigen, die Arzneimittel betreffen.[14]

> ### § 11 der Verfahrensordnung des Gemeinsamen Bundesausschusses »Klassifizierung und Bewertung von Unterlagen«
>
> Folgende Unterlagen und Nachweise sind nach den Grundsätzen der evidenzbasierten Medizin grundsätzlich in die Ermittlung des aktuellen Standes der medizinischen Erkenntnisse einzubeziehen und auszuwerten:
>
> für die Bewertung diagnostischer Methoden als Unterlagen und Nachweise der Evidenzstufe
> a) I a systematische Übersichtsarbeiten von Studien der Evidenzstufe I b,
> b) I b randomisierte kontrollierte Studien,
> c) I c andere Interventionsstudien,
> d) II a systematische Übersichtsarbeiten von Studien zur diagnostischen Testgenauigkeit der
> Evidenzstufe II b,
> e) II b Querschnitts- und Kohortenstudien, aus denen sich alle diagnostischen Kenngrößen zur Testgenauigkeit, insbesondere zu Sensitivität und Spezifität, Wahrscheinlichkeitsverhältnissen, positivem und negativem prädiktiven Wert berechnen lassen,
> f) III andere Studien, aus denen sich die diagnostischen Kenngrößen zur Testgenauigkeit, insbesondere zu Sensitivität und Spezifität, Wahrscheinlichkeitsverhältnissen berechnen lassen sowie
> g) IV Assoziationsbeobachtungen, pathophysiologische Überlegungen, deskriptive Darstellungen, Einzelfallberichte, nicht mit Studien belegte Meinungen anerkannter Expertinnen und Experten, Berichte von Expertenkomitees und Konsensuskonferenzen,

---

14 https://www.g-ba.de/downloads/62-492-3055/VerfO_2022-10-20_iK_2023-02-04.pdf

> für die Bewertung therapeutischer Methoden als Unterlagen und Nachweise der Evidenzstufe
> a) I a systematische Übersichtsarbeiten von Studien der Evidenzstufe I b,
> b) I b randomisierte klinische Studien,
> c) II a systematische Übersichtsarbeiten von Studien der Evidenzstufe II b,
> d) II b prospektive vergleichende Kohortenstudien,
> e) III retrospektive vergleichende Studien,
> f) IV Fallserien und andere nicht vergleichende Studien,
> g) V Assoziationsbeobachtungen, pathophysiologische Überlegungen, deskriptive Darstellungen, Einzelfallberichte, nicht mit Studien belegte Meinungen anerkannter Expertinnen und Experten, Berichte von Expertenkomitees und Konsensuskonferenzen.
> Auf die Einbeziehung von Unterlagen und Nachweisen niedrigerer Evidenzstufen kann verzichtet werden, wenn die Bewertungsentscheidung bereits aufgrund hinreichend aussagekräftiger Unterlagen und Nachweise einer höheren Evidenzstufe getroffen werden kann.«

Dabei ist zwischen therapeutischen und diagnostischen Methoden zu unterscheiden.
Die bisher verfügbare Rechtsprechung des BSG bezieht sich überwiegend auf therapeutische Methoden. Unabhängig vom Evidenzniveau diagnostischer Studien unterliegen diese grundsätzlich nur der Leistungspflicht der Gesetzlichen Krankenversicherung, wenn sich aus deren Ergebnissen eine Therapie mit patientenrelevantem Nutzen ableiten oder deren Erfolg bzw. Anwendbarkeit oder Notwendigkeit prüfen lässt, was z. B. bei genetischen Untersuchungen nicht immer der Fall ist.

3.1.2 Rezepturarzneimittel

Hierunter werden Arzneimittel verstanden, die aufgrund einer individuellen Rezeptur durch den behandelnden Arzt in einer Apotheke für den Patienten hergestellt, konfektioniert und abgegeben werden.

Sie werden nicht in größerer Menge auf Vorrat hergestellt. Anders als Fertigarzneimittel unterliegen sie keiner arzneimittelrechtlichen Zulassungspflicht, weshalb sie vom Bundessozialgericht nicht den Versorgungsregelungen des § 31 SGB V sondern denen des § 135 SGB V zugerechnet werden. Aus der fehlenden behördlichen Überprüfung von Nutzen und Schaden (Unbedenklichkeit) der Rezepturarzneimittel (wie auch bei sonstigen Methoden) leitet das Bundessozialgericht diese Einstufung ab.[15]

Sie müssen, unabhängig davon, ob sie apotheken- oder verschreibungspflichtig sind, den Kriterien für den Nutzen einer Methode folgend im Einzelfall (laut Urteile des BSG vom G-BA) dahingehend geprüft werden, wie gut ihr Nutzen unter Zugrundelegung der Kriterien der evidenzbasierten Medizin als belegt angesehen werden kann.

Da Rezepturarzneimittel im Gegensatz zu Fertigarzneimitteln (konfektionierte Ware) keine arzneimittelrechtliche Zulassung (kein »label«) haben, kann es bei Rezepturarzneimitteln weder einen »on/in label use« noch einen »off label use« geben, weshalb diese Aspekte ebenso wenig wie Festbetragsthemen, Importfragen etc. relevant sind bzw. geprüft werden können.

Regelhaft liegen auch keine aussagefähigen Studien vor, anhand derer ein Nutzen belegt werden könnte, weshalb formal eine Leistungspflicht der Gesetzlichen Krankenversicherung fraglich erscheint, auch wenn in vielen Fällen vom aktuellen Stand der medizinisch-wissenschaftlichen Erkenntnisse bei derartigen Verordnungen und damit einem in Fachkreisen anerkannten Standard ausgegangen werden kann.

3.1.3 Sonderfall § 2 Abs. 1a SGB V

Die Überprüfung des (patientenrelevanten) Nutzens von Arzneimitteln und Methoden orientiert sich strengstens an den Kriterien der evidenzbasierten Medizin. Wird anhand dieser Kriterien z. B. ein »off label use« eines Arzneimittels oder eine Methode aufgrund der pu-

---

15 BSG-Beschluss vom 23.07.1998, Az.: B1 KR 19/96 R; BSG-Beschluss vom 28.03.2000, B1 KR 11/98 R

blizierten, verfügbaren wissenschaftlichen Daten hinsichtlich ihres Nutzens nicht als ausreichend belegt angesehen, kann diese grundsätzlich nicht der Leistungspflicht der Gesetzlichen Krankenversicherung zugeordnet werden.

Ausnahmen hiervon sind in begrenztem Umfang durch Einführung des § 2 Abs. 1a SGB V möglich geworden. In diesem ist geregelt:

> »(1a) Versicherte mit einer lebensbedrohlichen oder regelmäßig tödlichen Erkrankung oder mit einer zumindest wertungsmäßig vergleichbaren Erkrankung, für die eine allgemein anerkannte, dem medizinischen Standard entsprechende Leistung nicht zur Verfügung steht, können auch eine von Absatz 1 Satz 3 abweichende Leistung beanspruchen, wenn eine nicht ganz entfernt liegende Aussicht auf Heilung oder auf eine spürbare positive Einwirkung auf den Krankheitsverlauf besteht [...]

Durch diese »Öffnungsklausel« im SGB V bei (akut) lebensbedrohlichen, regelmäßig tödlichen oder wertungsmäßig gleich gestellten Erkrankungen (BSG vom 16.08.2021, B 1 KR 29/20 R) können zwar die Anforderungen an die Evidenzbelege für einen »off label use« oder den Einsatz einer diagnostischen oder therapeutischen Methode gesenkt werden, es ist aber nicht möglich, dadurch die im SGB V definierten Grundvoraussetzungen für eine Leistungsmöglichkeit der Gesetzlichen Krankenversicherung auszuweiten. Es kann nur auf grundsätzlich vom Sachleistungsprinzip abgedeckte Versorgung und Versorger Bezug genommen werden. Denkbar wären hier auch Leistungserbringung im Ausland, wenn eine Methode nur dort angeboten oder aufgrund der Erfahrung mit höherer Erfolgsaussicht durchführbar ist, wobei die Evidenzkriterien und Behandlungsziele identisch zur Situation einer in Deutschland angebotenen oder zu erbringenden Leistung sein müssen. In Deutschland gesetzlich ausgeschlossene Maßnahmen dürfen auch im Ausland nicht zu Lasten der Gesetzlichen Krankenversicherung erbracht werden, auch wenn diese dort nicht verboten oder sogar Regelleistungen sind.

Auch unter dem Aspekt des § 2 Abs. 1a SGB V bleibt der Ausschluss von Lebensmitteln, Nahrungsergänzungsmitteln, nicht im GKV-System etablierten Leistungserbringern etc. gültig.

Abhängig vom Schweregrad bzw. der »Bedrohlichkeit« der Erkrankung kann das geforderte Evidenzniveau unterschiedlich stark gesenkt werden. Es müssen aber stets mindestens Fallberichte publiziert sein, aus denen die geforderte »nicht ganz entfernt liegende Aussicht auf Heilung« oder, wenn diese nicht (mehr) erreicht werden kann, mindestens eine »nicht ganz entfernt liegende Aussicht auf eine spürbar positive Einwirkung auf den Krankheitsverlauf« abgeleitet werden kann. Beachtet muss bei solchen Bewertungen werden, dass die Behandlungsziele der »Standard-Leistungen« keine anderen, als die von der geplanten Methode oder dem beabsichtigt anzuwendenden Arzneimittel sein dürfen. Ein Verweis auf »Standard-Leistungen« mit z. B. symptomatischen oder palliativem Ansatz ist nicht möglich, wenn die geplante Maßnahme einen heilenden (kurativen) Ansatz postuliert.

Ferner stellt die im § 2 Abs. 1a SGB V definierte Krankheitssituation die Grundvoraussetzung dafür dar, dass ein arzneimittelrechtlich möglicher Import nach § 73 Abs. 3 AMG der Leistungspflicht der Gesetzlichen Krankenversicherung unterliegen kann (▶ Kap. 1.2.2).

3.2 Sozialrechtliche Bewertung

Im SGB V wird hinsichtlich der Methodenbewertung streng unterschieden zwischen vertragsärztlicher und (vor-/nach-) stationärer Erbringung. Im vertragsärztlichen Bereich greift der sogenannte »Erlaubnisvorbehalt«. Dieser besagt, dass Methoden im Sektor der vertragsärztlichen Versorgung nur zu Lasten der Gesetzlichen Krankenversicherung erbracht werden können, wenn sie entweder vom G-BA positiv bewertet und damit in der Anlage I der Richtlinie Methoden vertragsärztliche Versorgung aufgeführt, oder im EBM (Einheitlicher Bewertungsmaßstab) abgebildet sind, wobei natürlich auch Einschränkungen auf bestimmte Verordnergruppen etc. beachtet werden müssen.

Im Rahmen von Krankenhausbehandlungen (prä-, post-, teilstationär) gilt der »Verbotsvorbehalt«, der besagt, dass in diesem Bereich grundsätzlich alle Leistungen unter Beachtung der Regeln der ärztlichen Kunst erbracht werden dürfen, wenn sie nicht ausdrücklich vom

G-BA in der Richtlinie Methoden im Krankenhaus ausgeschlossen wurden.

3.2.1 Methoden im vertragsärztlichen Bereich

In der Verfahrensordnung des Gemeinsamen Bundesausschusses werden im § 2 »Neue Untersuchungs- und Behandlungsmethoden« für Zwecke des § 135 Abs. 1 Satz 1 SGB V definiert:

Als solche »können nur Leistungen gelten,

a. die nicht als abrechnungsfähige ärztliche oder zahnärztliche Leistungen im Einheitlichen Bewertungsmaßstab (EBM) oder Bewertungsmaßstab (Bema) enthalten sind oder
b. die als Leistungen im EBM oder im Bema enthalten sind, deren Indikation oder deren Art der Erbringung, bei zahnärztlichen Leistungen einschließlich des zahntechnischen Herstellungsverfahrens, aber wesentliche Änderungen oder Erweiterungen erfahren haben. [...]«[16]

Der § 135 SGB V »Bewertung von Untersuchungs- und Behandlungsmethoden« regelt den Einsatz von Methoden im vertragsärztlichen (ambulanten) Bereich und die Rolle des Gemeinsamen Bundesausschusses hierbei.

Die Beschlüsse des G-BA finden in der »Richtlinie Methoden vertragsärztliche Versorgung« mit der Anlage I: »Anerkannte Untersuchungs- oder Behandlungsmethoden«, der Anlage II: »Methoden, die nicht als vertragsärztliche Leistungen zu Lasten der Krankenkassen erbracht werden dürfen« und der Anlage III: »Methoden, deren Bewertungsverfahren ausgesetzt ist« ihren Niederschlag.[17]

Methoden, deren Einsatz weder in der Richtlinie des G-BA noch im EBM geregelt ist, können bei medizinischer Notwendigkeit (z. B.

---

16 https://www.g-ba.de/downloads/62-492-3055/VerfO_2022-10-20_iK_2023-02-04.pdf
17 https://www.g-ba.de/richtlinien/7

lebensbedrohliche Erkrankung) im Einzelfall dennoch dem Sachleistungsprinzip der Gesetzlichen Krankenversicherung zugeordnet werden, wenn nach den üblichen Kriterien der »Evidenzbasierten Medizin /EbM)« ein patientenrelevanter Nutzen anhand von publizierten Studien als belegt angesehen werden kann.

Ergibt die Prüfung der Evidenz der beantragten Methode gemäß dieser Kriterien (üblicherweise Kriterien der Evidenzstufe I und II, ▶ Kap. 3.1.1), dass ein patientenrelevanter Nutzen wissenschaftlich belegt ist, kann diese im Sachleistungsprinzip von der Gesetzlichen Krankenversicherung getragen werden, sofern sie von einem im Vertragssystem der Gesetzlichen Krankenversicherung vorgesehenen Leistungserbringer (z. B. Vertragsarzt, Institutsermächtigung) durchgeführt wird.

3.2.2 Methoden im Krankenhaus

Im Krankenhaus kann eine »neue« Methode anders als im vertragsärztlichen Bereich nicht daran festgemacht werden, ob sie im Vergütungssystem des Krankenhauses verankert ist oder nicht. Einen gewissen Hinweis können allerdings die krankenhausindividuell vereinbarten Zusatzentgelte geben, die jährlich für Leistungen vereinbart werden (können), die der Kalkulation des InEK zufolge im aktuell gültigen Abrechnungssystem (DRG) nicht kostendeckend abgebildet sind. Es gilt allerdings zu beachten, wie viele dieser Zusatzentgelte sich nicht auf Methoden, sondern auf Arzneimittel beziehen. Allgemein gilt sowohl für den vertragsärztlichen als auch für den stationären (Krankenhaus-)Bereich, dass eine »neue Untersuchungs- und Behandlungsmethode« (noch) nicht dem allgemein anerkannten Stand der medizinisch-wissenschaftlichen Erkenntnisse und damit keinem »Standardverfahren« entspricht.

Die gesetzliche Norm für den Einsatz von Methoden im Krankenhaus bietet der § 137c SGB V »Bewertung von Untersuchungs- und Behandlungsmethoden im Krankenhaus«

Abhängig von der Bewertung der Methode durch den Gemeinsamen Bundesausschuss wird diese in der Richtlinie Methoden Krankenhausbehandlung aufgenommen. Wird die Methode als erforderlich/nutzenbelegt angesehen, wird sie in der Anlage I »Methoden, die für die Versorgung mit Krankenhausbehandlung erforderlich sind«, ansonsten unter § 4 dieser Richtlinie aufgeführt. In der Anlage II »Methoden, deren Bewertungsverfahren ausgesetzt sind« sind alle Methoden aufgeführt, für die das Bewertungsverfahren des Gemeinsamen Bundesausschusses ausgesetzt wurde, weil z. B. noch Studienergebnisse ausstehen.[18].

Für die durch den Gemeinsamen Bundesausschuss (noch) nicht positiv oder negativ bewerteten Methoden ist in § 137c Abs. 3 SGB V geregelt, dass Untersuchungs- und Behandlungsmethoden, zu denen der Gemeinsame Bundesausschuss keine Positiv-/Negativ-Entscheidung getroffen hat, im Rahmen einer Krankenhausbehandlung angewandt und von den Versicherten beansprucht werden dürfen, wenn sie das Potenzial einer erforderlichen Behandlungsalternative bieten, ihre Anwendung nach den Regeln der ärztlichen Kunst erfolgt, und sie medizinisch indiziert sind.

Durch diese von § 135 SGB V abweichende Formulierung zur Rolle des G-BA hinsichtlich der Möglichkeit eine Methode im Rahmen einer (vor-/nach-/teil-)stationären Behandlung in einem Vertragskrankenhaus zu Lasten der Gesetzlichen Krankenversicherung erbringen zu können, wird klargestellt, dass Methoden im Rahmen der Regelversorgung nur dann nicht erbracht werden dürfen, wenn sie ausgeschlossen wurden (»Verbotsvorbehalt«).

Anders als im vertragsärztlichen Bereich, wo der »Erlaubnisvorbehalt« gilt, umfasst das Leistungsportfolio eines Krankenhauses auch Methoden, deren Bewertung beim G-BA nicht beantragt oder von denen das Bewertungsverfahren vom G-BA ausgesetzt wurde.

Hierzu ist in § 14 der Verfahrensordnung des G-BA geregelt:

> »Der Gemeinsame Bundesausschuss kann ein Methodenbewertungsverfahren ausnahmsweise für einen befristeten Zeitraum aussetzen, wenn der Nutzen der Methode noch nicht hinreichend belegt ist, aber zu erwarten ist, dass solche Studien in naher Zukunft vorliegen werden. […].«[19]

---

18 https://www.g-ba.de/richtlinien/34/
19 https://www.g-ba.de/downloads/62-492-3055/VerfO_2022-10-20_iK_2023-02-04.pdf

3.2.2.1 Potenzial

Kann der Gemeinsame Bundesausschuss die Bewertung des Nutzens einer Methode nach aktuellem Stand der medizinisch-wissenschaftlichen Erkenntnisse nicht abschließend beurteilen, muss er gemäß § 137c SGB V prüfen, ob die zu bewertende Methode ein »Potenzial als erforderliche Behandlungsalternative« erkennen lässt:

> »Gelangt der Gemeinsame Bundesausschuss bei der Prüfung von Untersuchungs- und Behandlungsmethoden nach § 135 oder § 137c SGB V zu der Feststellung, dass der Nutzen einer Methode noch nicht hinreichend belegt ist, sie aber das Potenzial einer erforderlichen Behandlungsalternative bietet, beschließt der Gemeinsame Bundesausschuss unter Aussetzung seines Bewertungsverfahrens gleichzeitig eine Richtlinie zur Erprobung nach § 22, um die notwendigen Erkenntnisse für die Bewertung des Nutzens der Methode zu gewinnen.«

Sofern für die zu begutachtende Methode im Einzelfall (noch) keine G-BA-Festlegung vorliegt, kann anhand der Kriterien in der Verfahrensordnung des G-BA geprüft werden, ob es sich grundsätzlich bzw. im Einzelfall um eine Methode mit »Potenzial als erforderliche Behandlungsalternative« handeln könnte.

Vom Gemeinsamen Bundesausschuss werden als Kriterien für die Annahme eines Potenzials genannt:

> »Das Potenzial einer erforderlichen Behandlungsalternative kann sich etwa ergeben, wenn sie aufgrund ihres Wirkprinzips und der bisher vorliegenden Erkenntnisse mit der Erwartung verbunden ist, dass andere aufwändigere, für den Patienten invasivere oder bei bestimmten Patienten nicht erfolgreich einsetzbare Methoden ersetzt werden können, die Methode weniger Nebenwirkungen hat, sie eine Optimierung der Behandlung bedeutet oder die Methode in sonstiger Weise eine effektivere Behandlung ermöglichen kann.«[20]

Kein Potenzial kann gemäß Verfahrensordnung des Gemeinsamen Bundesausschusses unterstellt werden, wenn die Unwirksamkeit oder Schädlichkeit der zu begutachtenden Methode belegt ist. Hierbei gilt es zu beachten, dass zwar eine Schädlichkeit z. B. anhand von Ne-

---

20 https://www.g-ba.de/downloads/62-492-3055/VerfO_2022-10-20_iK_2023-02-04.pdf

benwirkungen festgestellt werden kann, aus methodischen Gründen allerdings nicht die (grundsätzliche) Unwirksamkeit. Letztere kann für jeden Einzelfall, in dem die zu begutachtende Methode eingesetzt wurde, nur retrospektiv, also nach deren Einsatz beurteilt, nicht aber für einen anderen Patienten vorausgesagt werden.[21]

Im Einzelfall kann die Entscheidung, ob einer Methode ein »Potenzial als erforderliche Behandlungsalternative« zuzuschreiben sein könnte, von Bedeutung sein, da sowohl gemäß § 39 SGB V als auch § 137c SGB V Versicherte Anspruch auf den Einsatz von Methoden mit Potenzial haben.

Nach aktueller Rechtsprechung des Bundessozialgerichts kann dieser grundsätzliche Anspruch nur realisiert werden, wenn keine im konkreten Fall geeignete »Standard-Methode« aus dem Spektrum des Leistungsportfolios der Gesetzlichen Krankenversicherung (mehr) zur Verfügung steht, da für diese (fundierte) Nutzenbelege vorliegen, was für die Methode mit Potenzial (noch) nicht der Fall ist. Diese grundsätzliche Bevorzugung des »Standards« wird sowohl durch den Aspekt der Patientensicherheit als auch der Wirtschaftlichkeit gerechtfertigt.[22]

---

21 https://www.g-ba.de/downloads/62-492-3055/VerfO_2022-10-20_iK_2023-02-04.pdf
22 BSG vom 25.3.2021, B 1 KR 25/20 R; BSG vom 26.04.2022, B 1 KR 20/21 R

4 Advanced Therapy Medicinal Product (ATMP)

Unter »Advanced Therapy Medicinal Product« werden Arzneimittel für neuartige Therapien verstanden, für die die Regeln der Richtlinie 2003/63/EG beachtet werden müssen (Amtsblatt 2003).

Um als ATMP eingestuft zu werden, muss der »Wirkstoff« »substanziell bearbeitet« worden sein, d.h. Veränderungen durch enzymatischen Abbau, Austausch von Genen/Genom etc. erfahren haben.

Gemäß Anhang I der Verordnung (EG) Nr. 1394/2007 gelten z.B. Schneiden, Zerreiben, Zentrifugieren, Einlegen in antibiotische oder antimikrobielle Lösungen, Sterilisation, Bestrahlung, Separation, Konzentrieren, Reinigen, Filtern, Lyophilisieren, Einfrieren, Kryopräservation von Zellen nicht als substanzielle Bearbeitung.

Gemäß Verordnung der EG Nr. 1394/2007 werden drei Gruppen ATMP unterschieden:

1. Gentherapeutika
2. Somatische Zelltherapeutika
3. Biotechnologisch bearbeitete Gewebeprodukte

Gentherapeutika

Gentherapeutika bestehen aus oder enthalten rekombinante Nukleinsäuresequenzen, um die patienteneigene Nukleinsäure zu regulieren, zu reparieren, dieser bzw. der Zelle Nukleinsäuren hinzuzufügen oder aus ihr zu entfernen, wobei die Wirkung unmittelbar auf die verabreichte rekombinante Nukleinsäuresequenz oder deren Produkt zurückzuführen sein muss.

Somatische Zelltherapeutika

Somatische Zelltherapeutika bestehen aus substanziell bearbeiteten Zellen oder Gewebe. Durch diese Bearbeitung wurden biologische Merkmale, physiologische Funktionen oder strukturelle Eigenschaften verändert, um einem diagnostischen oder therapeutischen Zweck zu dienen. Diese »veränderten« Zellen bzw. Gewebe sollen bei ihrem Einsatz im Wesentlichen andere Funktionen als vor der Veränderung ausüben (»non homologous use«).

Biotechnologisch bearbeitete Gewebeprodukte

Biotechnologisch bearbeitete Gewebeprodukte sollen der Regeneration, Wiederherstellung oder dem Ersatz menschlicher Gewebe dienen.

ATMP werden zentral mit Geltung für die gesamte Europäische Union von der EMA zugelassen. Ausnahmen hiervon sind nach Art. 3 Abs. 7 der EU-Richtlinie 2001/83/EG gemäß Art. 28 der Verordnung (EG) Nr. 1394/2007 möglich und für Deutschland im § 4b AMG (»Genehmigung«) und im § 13 Abs. 2b AMG geregelt.

Art. 28 der Verordnung (EG) Nr. 1394/2007 zur Änderung des Artikels 3 der Richtlinie 2001/83/EG
Diese Richtlinie gilt nicht für

> »7. Arzneimittel für neuartige Therapien gemäß der Verordnung (EG) Nr. 1394/2007, die nicht routinemäßig nach spezifischen Qualitätsnormen hergestellt und in einem Krankenhaus in demselben Mitgliedstaat unter der ausschließlichen fachlichen Verantwortung eines Arztes auf individuelle ärztliche Verschreibung eines eigens für einen einzelnen Patienten angefertigten Arzneimittels verwendet werden.
>
> Die Herstellung dieser Arzneimittel muss durch die zuständige Behörde des Mitgliedstaats genehmigt werden. Die Mitgliedstaaten stellen sicher, dass die einzelstaatlichen Rückverfolgbarkeits- und Pharmakovigilanzanforderungen sowie die in diesem Absatz genannten spezifischen Qualitätsnormen denen entsprechen, die auf Gemeinschaftsebene für Arzneimittel für neuartige Therapien gelten, für die eine Genehmigung gemäß der Verordnung (EG) Nr. 726/2004 des Europäischen Parlaments und des

Rates vom 31. März 2004 zur Festlegung von Gemeinschaftsverfahren für die Genehmigung und Überwachung von Human- und Tierarzneimitteln und zur Errichtung einer Europäischen Arzneimittel-Agentur (4) erforderlich ist.«

»Hospital Exemption«

§ 4b AMG »Sondervorschriften für Arzneimittel für neuartige Therapien

(1) Für Arzneimittel für neuartige Therapien, die im Geltungsbereich dieses Gesetzes
1. als individuelle Zubereitung für einen einzelnen Patienten ärztliche verschrieben
2. nach spezifischen Qualitätsnormen nicht routinemäßig hergestellt und
3. in einer spezialisierten Einrichtung der Krankenversorgung unter der fachlichen Verantwortung eines Arztes angewendet werden, finden der Vierte Abschnitt, mit Ausnahme des § 33, und der Siebte Abschnitt dieses Gesetzes keine Anwendung. Die übrigen Vorschriften des Gesetzes sowie Artikel 14 Absatz 1 und Artikel 15 Absatz 1 bis 6 der Verordnung (EG) Nr. 1394/2007 gelten entsprechend mit der Maßgabe, dass die dort genannten Amtsaufgaben und Befugnisse entsprechend den ihnen nach diesem Gesetz übertragenen Aufgaben von der zuständigen Behörde oder der zuständigen Bundesoberbehörde wahrgenommen werden und an die Stelle des Inhabers der Zulassung im Sinne dieses Gesetzes oder des Inhabers der Genehmigung für das Inverkehrbringen im Sinne der Verordnung (EG) Nr. 1394/2007 der Inhaber der Genehmigung nach Absatz 3 Satz 1 tritt.
(2) Nicht routinemäßig hergestellt im Sinne von Absatz 1 Satz 1 Nummer 2 werden insbesondere Arzneimittel,
1. die in so geringem Umfang hergestellt und angewendet werden, dass nicht zu erwarten ist, dass hinreichend klinische Erfahrung gesammelt werden kann, um das Arzneimittel umfassend bewerten zu können, oder
2. die noch nicht in ausreichender Anzahl hergestellt und angewendet worden sind, so dass die notwendigen Erkenntnisse für ihre umfassende Bewertung noch nicht erlangt werden konnten.

> (3) Arzneimittel nach Absatz 1 Satz 1 dürfen nur an andere abgegeben werden, wenn sie durch die zuständige Bundesoberbehörde genehmigt worden sind. § 21a Absatz 2 Satz 1, Absatz 3 bis 6 und 8 gilt entsprechend. Zusätzlich zu den Angaben und Unterlagen nach § 21a Absatz 2 Satz 1 sind dem Antrag auf Genehmigung folgende Angaben und Unterlagen beizufügen: [...]

Für die Erteilung einer Genehmigung ist als deutsche Oberbehörde das Paul-Ehrlich-Institut (PEI) zuständig. Durch diese Genehmigung können Arzneimittel, die so selten hergestellt und angewendet werden, dass keine, für eine Zulassung ausreichende klinische Erfahrung in Form von Studien zu erwarten ist, oder für die bisherige Studienergebnisse als noch nicht für einen Zulassungsantrag ausreichend anzusehen sind, nicht nur zu Studienzwecken in den Verkehr gebracht werden. Damit können weitere klinisch-wissenschaftliche Erkenntnisse gewonnen werden, um einen Zulassungsantrag bei der EMA als zuständiger Behörde stellen zu können.

Falls nach Erteilung der Genehmigung keine klinischen Studien erfolgen, um die arzneimittelrechtliche Zulassung des Präparates voranzutreiben oder Erkenntnisse zu Nebenwirkungen/Schädigungen durch das Präparat gewonnen werden, kann die Genehmigung wieder entzogen werden.

Ob genehmigte, von der EMA nicht zugelassene ATMP grundsätzlich oder nur in Ausnahmefällen (z.B. § 2 Abs 1a SGB V) der Leistungspflicht der Gesetzlichen Krankenversicherung unterliegen können, bedarf der juristischen Klärung. Eine diesbezügliche BSG-Rechtsprechung ist bisher nicht erfolgt.

In vielen Fällen ist beim Einsatz von ATMP eine klare Abgrenzung zwischen reiner bzw. alleiniger Arzneimittelgabe und (Behandlungs-) Methode, bei der das Arzneimittel wesentlicher Bestandteil der Methode ist, oder auch die Vorgaben für Rezepturarzneimittel der BSG-Rechtsprechung (B1 KR 30/06 R; 27.03.2007) berücksichtigt werden müssen, schwer. Eine entsprechende Zuordnung ist aber Voraussetzung dafür, um Aussagen hinsichtlich einer (vermutlichen) Leistungspflicht der Gesetzlichen Krankenversicherung treffen zu können.

Bei zugelassenen ATMP enthält die Fachinformation mehr oder weniger ausführlich auch weitere Hinweise, welche Maßnahmen und Kontrollen bei dem/der Behandelten erfolgen müssen, was im Prinzip der Beschreibung der Methode, dessen Bestandteil das Arzneimittel (ATMP) ist, entspricht. Dies legt nahe, dass in derartigen Fällen nicht von einer (zusammengesetzten) Methode auszugehen sein könnte, sondern von einer reinen Arzneimitteltherapie und Abweichungen von der Fachinformation, wie bei Arzneimitteln, die keine ATMP sind, den »off label use«-Kriterien unterworfen werden müssten (▶ Kap. 1.2.1).

Liegt zusätzlich eine Qualitätssicherungs-Richtlinie des Gemeinsamen Bundesausschusses für die Anwendung des Arzneimittels vor, müssen die darin vorgegebenen Voraussetzungen (z. B. Strukturvorgaben, wie Vorhandensein verschiedener Fachabteilungen, einer Intensivstation etc., für die Einrichtung, in der die Gabe erfolgt, Qualifikation der Leistungserbringer) erfüllt sein, um überhaupt die Gabe des Arzneimittels in zulassungskonformer Weise im Rahmen des Sachleistungsprinzips der Gesetzlichen Krankenversicherung zu ermöglichen.

4.1 Zuordnungsprobleme am Beispiel von »Therapie mit Bakteriophagen«

Da diese Überlappung bzw. Grauzone von Methode und Arzneimittel bei ATMP Probleme machen kann, zu entscheiden, gemäß welcher Kriterien ein derartiges Präparat dahingehend geprüft werden kann bzw. muss, ob es grundsätzlich oder zumindest im konkreten Fall vom Sachleistungsprinzip der Gesetzlichen Krankenversicherung erfasst wird, soll dies am Beispiel des therapeutischen Einsatzes von Bakteriophagen veranschaulicht werden. Dieses Beispiel wird gewählt, da deren Einsatz zur Behandlung von Infektionen mit gegen Antibiotika multiresistenten Bakterien seit

Jahren Gegenstand der Forschung einzelner Einrichtungen ist, bisher aber noch keine den üblichen Evidenzanforderungen genügenden, tragfähigen medizinisch-wissenschaftliche Erkenntnisse hierzu publiziert wurden. Auch ist, soweit recherchierbar, zumindest in Deutschland nur ganz vereinzelt eine derartige Therapie versucht worden, womit alle die bisher diskutierten Aspekte noch nicht geklärt wurden. Deshalb muss betont werden, dass die folgenden Darlegungen zwar die Zuordnungsproblematik beleuchten, nichts dagegen präjudizieren sollen, da die diesbezüglich bindenden Festlegungen der Zulassungsbehörde, des Gemeinsamen Bundesausschusses sowie der möglicherweise erfolgenden Rechtsprechung abgewartet werden müssen und sämtliche Interpretationen der Gesetze, Richtlinien und Rechtsprechung hier ohne juristische Fachkompetenz erfolgten.

Der Einsatz von Bakteriophagen zur Abtötung von Bakterien ist plausibel, da Bakteriophagen unterschiedlich spezifisch eine bakterizide Wirkung entfalten. Unter dieser Prämisse liegt ein pathophysiologisches Konzept vor, das geeignet ist, gleichartig bei derartigen bakteriellen Infektionen bei verschiedenen Infizierten eingesetzt werden zu können. Damit und in Verbindung mit der Vorgehensweise der Phagenvermehrung, -reinigung und -aufbereitung zur Verabreichung durch den Arzt nach entsprechender Aufklärung des Patienten sowie erforderlichen Isolations-, Überwachungs- und Dokumentationsmaßnahmen sind die Voraussetzungen erfüllt, die an eine Methode zu stellen sind.

Im vertragsärztlichen Bereich, d. h. unter den Vorgaben des § 135 SGB V, wäre eine Therapie mit Phagen nicht möglich, da sie vom Gemeinsamen Bundesausschuss nicht positiv bewertet und damit in Anlage I der Richtlinie Methoden vertragsärztliche Versorgung aufgenommen wurde oder im Einheitlichen Bewertungsmaßstab abgebildet ist.

Ob im ambulanten Bereich eine lebensbedrohliche Infektion, auf die § 2 Abs. 1a SGB V anwendbar wäre und damit eine derartige Therapie dennoch möglich sein könnte, behandelt würde bzw. werden kann, erscheint fraglich, weshalb diese Konstellation hier nicht weiter diskutiert wird.

In der hier vorliegenden Situation, einer Infektion mit multiresistenten Bakterien, wird davon ausgegangen, dass die Behandlung nicht im vertragsärztlichen, ambulanten Bereich erfolgen kann. Damit sind die in §137 c SGB V festgelegten Vorgaben für Methoden, die zu Lasten der Gesetzlichen Krankenversicherung erbracht werden sollen, zu beachten.

Dies bedeutet, dass das Krankenhaus unter Beachtung ärztlicher Standards (und ggf. flankierender Gesetze zum Infektionsschutz etc.) Bakteriophagen zur Behandlung von Infektionen mit multiresistenten Bakterien einsetzen kann (wenn andere Gesetze dem nicht entgegenstehen), da diese als Behandlungsmethode deklarierbare Vorgehensweise aktuell vom Gemeinsamen Bundesausschuss von der Leistungserbringung im Krankenhaus nicht ausgeschlossen ist. Fraglich wäre hierbei nur, ob das Qualitätsgebot (§§ 2, 12, 70 SGB V) erfüllt wäre, da unter Berücksichtigung der Kriterien der evidenzbasierten Medizin bislang keine ausreichenden klinisch-wissenschaftlichen Daten vorliegen, die einen (patientenrelevanten) Nutzen dieser Methode belegen.

Unter Berücksichtigung der Vorgaben von § 137c SGB V könnte ersatzweise angenommen werden, dass diese therapeutische Methode das »Potenzial einer erforderlichen Alternative« hat, indem die Therapie mit Bakteriophagen bei ansonsten erfolgloser oder zumindest sehr langwieriger Therapie mit Antibiotika alleine oder ergänzend zu bzw. nach erfolgloser Therapieversuche mit Antibiotika wirksam gegen die Bakterien sein und damit die Infektion beseitigen könnte.

Ob sich daraus eine Leistungspflicht der Gesetzlichen Krankenversicherung ableiten lassen könnte, kann derzeit nicht abstrakt, allgemeingültig beurteilt, sondern muss vielmehr aufgrund der konkreten Situation im Einzelfall unter Berücksichtigung der diesbezüglich einschlägigen Rechtsprechung (▶ Kap. 3.2.2.1) geklärt werden.

Derartige zur Therapie von Infektionen mit multiresistenten Bakterien eingesetzte Bakteriophagen könnten grundsätzlich auch die Voraussetzungen, als Arzneimittel, ggf. sogar als ATMP, angesehen und zugelassen werden zu können, erfüllen.

In beiden Fällen könnten Aspekte der BSG-Rechtsprechung zu »Rezeptur-Arzneimitteln« relevant sein (BSG B 1 KR 30/06 R; 27.03.2007), zumindest bis zur Genehmigung bzw. Zulassung durch die jeweilige Behörde.

Die Zulassung als Arzneimittel bzw. als ATMP hängt davon ab, ob die Bakteriophagen »substanziell« bearbeitet werden. Werden für bestimmte Bakterien spezifische Bakteriophagen nur vermehrt oder auf andere Weise selektiv angereichert, erfolgt keine substanzielle Bearbeitung. Damit würden die Bakteriophagen zwar als Arzneimittel, nicht dagegen als ATMP, zugelassen werden können.

Erfolgt dagegen eine Veränderung deren genetischen Materials oder ihrer Oberflächenstrukturen, um z. B. selektiv(er) oder ausschließlich an bestimmte bakterienspezifische Oberflächenstrukturen koppeln zu können, kann von einer substanziellen Bearbeitung (Veränderung) ausgegangen werden. Dann wären die Kriterien für ein ATMP erfüllt und das Paul-Ehrlich-Institut könnte für Deutschland eine Genehmigung, die EMA die Zulassung für ein derartiges Präparat erteilen. Bei letzterem könnte es sich um ein patientenindividuell zubereitetes oder um ein »universell« gegen definierte Bakterienstämme wirkendes (Fertig-)Arzneimittel handeln.

In beiden Fällen würde der Arzneimittelaspekt dominieren. Bei erteilter Zulassung wäre ein Abgleich mit der Fachinformation erforderlich, um den zulassungskonformen Einsatz des Arzneimittels (ATMP) bestätigen zu können. Bei »off label use«-Einsatz des zugelassenen Arzneimittels wären die entsprechenden Prüfalgorithmen einzuhalten (▶ Kap. 1.2.1).

Falls nach arzneimittelrechtlicher Zulassung des ATMP vom Gemeinsamen Bundesausschuss eine Qualitätssicherungs-Richtlinie für den Einsatz dieses Arzneimittels erlassen werden sollte, müssen alle dort als erforderlich definierte Vorgaben von der Einrichtung, in der die Verabreichung dieses Arzneimittels erfolgen soll, erfüllt sein. Solange diese nicht erfüllt sind, erscheint eine Leistungspflicht der Gesetzlichen Krankenversicherung, auch im Hinblick auf die Anwendbarkeit des §2 Abs. 1a SGB V fraglich.

5 Beteiligte Institutionen und Behörden

5.1 Nationale Einrichtungen

5.1.1 Bundesinstitut für Arzneimittel und Medizinprodukte (BfArM)

Das Bundesinstitut für Arzneimittel und Medizinprodukte (BfArM) ist die für die Zulassung und Überwachung von Fertigarzneimitteln zuständige Bundesoberbehörde. Außerdem erfolgt dort eine Erfassung und Bewertung von Risiken bei Medizinprodukten und eine Überwachung des (legalen) Verkehrs von Betäubungsmitteln und Grundstoffen.[23]

5.1.2 Paul-Ehrlich-Institut (PEI)

Das Paul-Ehrlich-Institut (PEI) ist als Bundesinstitut für Impfstoffe und biomedizinische Arzneimittel Teil des BfArM und nach § 77 AMG für Sera, Impfstoffe, Blutzubereitungen, Gewebe und Gewebezubereitungen, Allergene, Arzneimittel für neuartige Therapien (Advanced Therapeutic Medicinal Products (ATMP): Gentherapeutika, somatische Zelltherapeutika und biotechnologisch bearbeitete Gewebeprodukte), xenogene Arzneimittel und gentechnisch hergestellte Blutbestandteile zuständig.[24]

---

23 https://www.bfarm.de/DE/Home/_node.html
24 https://www.pei.de/DE/institut/aufgaben/aufgaben-node.html

5.1.3 Gemeinsamer Bundesausschuss (G-BA)

»Der Gemeinsame Bundesausschuss beschließt die zur Sicherung der ärztlichen Versorgung erforderlichen Richtlinien über die Gewähr für eine ausreichende, zweckmäßige und wirtschaftliche Versorgung der Versicherten; […] er kann dabei die Erbringung und Verordnung von Leistungen oder Maßnahmen einschränken oder ausschließen, wenn nach allgemein anerkanntem Stand der medizinischen Erkenntnisse der diagnostische oder therapeutische Nutzen, die medizinische Notwendigkeit oder die Wirtschaftlichkeit nicht nachgewiesen sind; er kann die Verordnung von Arzneimitteln einschränken oder ausschließen, wenn die Unzweckmäßigkeit erwiesen oder eine andere, wirtschaftlichere Behandlungsmöglichkeit mit vergleichbarem diagnostischen oder therapeutischen Nutzen verfügbar ist. Er soll insbesondere Richtlinien beschließen über die Einführung neuer Untersuchungs- und Behandlungsmethoden, Verordnung von Arznei-, Verband-, Heil- und Hilfsmitteln, […] sowie zur Anwendung von Arzneimitteln für neuartige Therapien im Sinne von § 4 Absatz 9 des Arzneimittelgesetzes […]«

5.1.4 Ständige Impfkommission (SIKO)

»Die Ständige Impfkommission (STIKO) entwickelt Impfempfehlungen für Deutschland und berücksichtigt dabei nicht nur deren Nutzen für das geimpfte Individuum, sondern auch für die gesamte Bevölkerung. Die STIKO orientiert sich dabei an den Kriterien der evidenzbasierten Medizin. […] Außerdem entwickelt die STIKO Kriterien zur Abgrenzung einer üblichen Impfreaktion von einer über das übliche Ausmaß einer Impfreaktion hinausgehenden gesundheitlichen Schädigung. STIKO-Empfehlungen gelten als medizinischer Standard.

Die STIKO ist ein unabhängiges Expertengremium, dessen Tätigkeit von der Geschäftsstelle im Fachgebiet Impfprävention des Robert Koch-Instituts koordiniert und beispielsweise durch systematische Analysen der Fachliteratur unterstützt wird. […] Seit dem Jahr 2007 sind die von der STIKO empfohlenen Impfungen Grundlage für die Schutzimpfungsrichtlinie (SI-RL) des Gemeinsamen Bundesausschusses (G-BA) und werden mit Aufnahme in die SI-RL Pflichtleistung der gesetzlichen Krankenversicherung (GKV) in Deutschland.«[25]

---

25 https://www.rki.de/DE/Content/Kommissionen/STIKO/stiko_node.html

5.1.5 Bewertungsausschuss Ärzte

Alle vertragsärztlichen Leistungen werden mittels Vorgaben des Einheitlichen Bewertungsmaßstabes (EBM) abgerechnet, der vom Bewertungsausschuss Ärzte erstellt wird. Bei, vom Gemeinsamen Bundesausschuss (G-BA) neu in den Leistungskatalog der Gesetzlichen Krankenversicherung aufgenommenen Leistungen muss der Bewertungsausschuss deren Vergütung regeln und ggf. neue Gebührenordnungspositionen (GOP) definieren.[26]

5.2 Europäische Einrichtungen

5.2.1 Committee for Medicinal Products for Human Use (CHMP)/European Medicines Agency (EMA)

Die Europäische Arzneimittelbehörde (EMA) nimmt für die Europäische Union die Funktionen des BfArM und des PEI bei Zulassung und Überwachung von Arzneimitteln wahr. Hierfür sind verschiedene Komitees zuständig. Für die Therapie seltener Krankheiten (»Orphan Diseases«) ist das »Committee for Orphan Medicinal Products« (COMP), für sonstige Diagnosen das »Committee for Medicinal Products for Human Use« (CHMP) zuständig. Für die Überwachung der Arzneimittelsicherheit wurde da »Pharmacovigilance and Risk Assessment Committee« (PRAC) gebildet.

Im Rahmen von der Zulassung werden die wissenschaftlichen Daten vom CHMP (ggf. COMP) evaluiert und vom Ergebnis abhängig die Empfehlung für eine Zulassung ausgesprochen oder nicht. Die Zulassung eines Arzneimittels erfolgt auf Basis dieser Empfehlung durch die Europäische Kommission.[27]

---

26 https://institut-ba.de/ba.html
27 https://www.ema.europa.eu/en/about-us/history-ema

6 Zusammenfassung und Ausblick

Bereits heute besteht eine hohe Regelungsdichte für die Verordnung von Arzneimitteln und Methoden, die als Standard in der Versorgung etabliert sind. Jede Abweichung hiervon schließt grundsätzlich eine Versorgung im Sachleistungsprinzip der Gesetzlichen Krankenversicherung aus, wobei im Einzelfall stets geprüft werden muss, ob die Standard-Therapie(optione)n beim individuellen Patienten überhaupt einsetzbar sind. Erst wenn deren Anwendbarkeit beim Patienten nicht möglich oder nicht erfolgreich ist, müssen Alternativen (z. B. »off label use«, neue Untersuchungs- bzw. Behandlungs-Methode) hinsichtlich ihrer Erfolgsaussichten geprüft werden. Hierzu werden die Kriterien und die Methodik der evidenzbasierten Medizin zugrunde gelegt. Wenn bei dieser Prüfung der aktuellen wissenschaftlichen Erkenntnisse eine ausreichende Evidenz für einen Patientenrelevanten Nutzen bei gleichzeitig akzeptablem Risiko einer Nebenwirkung bzw. tolerierbarem Ausmaß einer Schädigung vorliegt, besteht auch die Möglichkeit, eine (noch) nicht dem aktuellen Standard der Therapie entsprechende Maßnahme dem Leistungsspektrum der Gesetzlichen Krankenversicherung zuzuordnen.

Die Regelungsdichte und -tiefe wird durch die erforderlichen Qualitätssicherungsmaßnahmen für z. B. Gentherapeutika, die zunehmende Notwendigkeit von genetischer Testung des Patienten vor einer Arzneimittelgabe (»companion diagnostics« als Voraussetzung für einen »on label use«) und die Etablierung neuer und feinerer diagnostischer Methoden zunehmen und damit die Anforderungen an die Begutachtung höher werden.

Außerdem ist zu erwarten, dass »zusammengesetzte Methoden« (Arzneimittel als integrativer und essenzieller Bestandteil einer Methode) durch die Gentherapie zunehmen und sich die Grenzen zwischen Methode und Arzneimittel, insbesondere bei Geweben bzw.

ATMP (»Advanced Therapy Medicinal Products«) verwischen, was eine modifizierte Bewertung/Begutachtung erforderlich machen kann.

Durch die Weiterentwicklung der (gen-)diagnostischen und teilweise auch therapeutischen Möglichkeiten wird absehbar auch eine, dieser Situation angepasste Definition von Krankheit erforderlich, da z.B. genotypisch Veränderungen erkannt werden können, die Vorstufen oder Prädispositionen für die Entwicklung von Störungen darstellen, noch bevor diese als Phänotyp (= Krankheit) manifest werden und damit erkannt werden können. Der Phänotyp stellt die Basis des heute üblichen Krankheitsbegriffs dar, der damit auch dem SGB V zugrunde liegt, ohne dort ausdrücklich definiert zu sein.

Quellenverzeichnis

Amtsblatt (2003). Richtlinie 2003/63/EG der Kommission vom 25. Juni 2003 zur Änderung der Richtlinie 2001/83/EG des Europäischen Parlaments und des Rates zur Schaffung eines Gemeinschaftskodexes für Humanarzneimittel. Zugriff am 11.04.2023 unter: https://eur-lex.europa.eu/legal-content/DE/TXT/HTML/?uri=CELEX:32003 L0063&from=de

BfArM – Bundesinstitut für Arzneimittel und Medizinprodukte (2023). Homepage des Instituts. Zugriff am 15.03.2023 unter: https://www.bfarm.de/DE/Home/_node.html

BfArM – Bundesinstitut für Arzneimittel und Medizinprodukte (2023a). Generische Zulassung. Zugriff am 11.04.2023 unter: https://www.bfarm.de/DE/Arzneimittel/Zulassung/Zulassungsarten/Generische-Zulassung/_node.html

BfArM – Bundesinstitut für Arzneimittel und Medizinprodukte (2023b). Zulassung von Biosimilars. Zugriff am 11.04.2023 unter: https://www.bfarm.de/DE/Arzneimittel/Zulassung/Zulassungsarten/Zulassung-von-Biosimilars/_node.html;jsessionid=BBCBBD3F02ECB51F73EEBBA8AD7D5A53.internet272

BfArM – Bundesinstitut für Arzneimittel und Medizinprodukte (2023c). Arzneimittel-Härtefallprogramme/Compassionate Use. Zugriff am 11.04.2023 unter: https://www.bfarm.de/DE/Arzneimittel/Klinische-Pruefung/Compassionate-Use/_node.html)

BSG, Urteil vom 03.07.2012 – B1 KR 22/11 R, https://openjur.de/u/618510.html).

BMG – Bundesministerium für Gesundheit (2022). Was sind Medizinprodukte. Zugriff am 15.03.2023 unter: https://www.bundesgesundheitsministerium.de/themen/gesundheitswesen/medizinprodukte/definition-und-wirtschaftliche-bedeutung.html

European Medicines Agency (2023a). History of EMA. Zugriff am 15.03.2023 unter: https://www.ema.europa.eu/en/about-us/history-ema

European Medicines Agency (2023b). Orphan designation: Overview. Zugriff am 15.03.23 unter: https://www.ema.europa.eu/en/human-regulatory/overview/orphan-designation-overview

G-BA – Gemeinsamer Bundesausschuss (2023). Verfahrensordnung des Gemeinsamen Bundesausschusses. Zugriff am 15.03.2023 unter: https://www.g-ba.de/downloads/62-492-3055/VerfO_2022-10-20_iK_2023-02-04.pdf

G-BA – Gemeinsamer Bundesausschuss (2022). Richtlinie des Gemeinsamen Bundesausschusses zu Untersuchungs- und Behandlungsmethoden im Krankenhaus. Zugriff am 15.03.2023 unter: https://www.g-ba.de/richtlinien/34/

PEI – Paul-Ehrlich-Institut (2023). Institut. Zugriff am 15.02.2023 unter: https://www.pei.de/DE/institut/aufgaben/aufgaben-node.html

RKI – Robert Koch Institut (2022). Ständige Impfkommission (STIKO). Zugriff am 15.03.2023 unter: https://www.rki.de/DE/Content/Kommissionen/STIKO/stiko_node.html

Institut des Bewertungsausschusses (2022). Bewertungsausschuss Ärzte. Zugriff am 15.03.2023 unter: https://institut-ba.de/ba.html

WEP Clinical. (2023). Post-approval named patient programs. Zugriff am 11.04.2023 unter: https://www.wepclinical.com/named-patient-programs/

Die genannten Gesetzestexte finden sich zum Beispiel unter:

Bundesministerium für Justiz (2023). Gesetze im Internet. https://www.gesetze-im-internet.de/